世紀
人物 100

十九年的　孤獨背影

蘇　武

符愛萍　著

三民書局

主編的話

世界上最幸福的孩子，是他們一出生就有機會接近故事書，想想看，那些書中的人物，不論古今中外都來到了眼前，與他們相識，不僅分享了各個人物生活中的點滴，孩子們的想像力也隨著書中的故事情節飛翔。

不論世界如何演變，科技如何發達，孩子一世幸福的起源，仍然來自於父母的影響，如果每一個孩子都能從小在父母親的懷抱中，傾聽故事，共享閱讀之樂，長大後養成了閱讀習慣，這將是一生中享用不盡的財富。

三民書局的劉振強董事長，想必也是一位深信讀書是人生最大財富的人，在讀書人口往下滑落的多元化時代，他仍然堅信讀書的重要，近年來，更不計成本，連續出版了特別為孩子們策劃的兒童文學叢書，從「文學家」、「藝術家」、「音樂家」、「影響世界的人」系列到「童話小天地」、「第一次」系列，至今已出版了近百本，這僅是由筆者主編出版的部分叢書而已，若包括其他兒童詩集及套書，三民書局已出版不下千百種的兒童讀物。

劉董事長也時常感念著，在他困苦貧窮的青少年時期，是書使他堅強向上，在社會普遍困苦，而生活簡陋的年代，也是書成了他最好的良伴，他希望在他的有生之年，分享這份資產，讓下一代可以充分使用，讓親子共讀的親情，源遠流長。

「世紀人物 100」系列早就在他的關切中構思著，希望能出版

孩子們喜歡而且一生難忘的好書。近年來筆者放下一切寫作，接下這份主編重任，並結合海內外有心兒童文學的作者共同為下一代效力，正是感動於劉董事長致力文化大業的真誠之心，更欣喜許多志同道合的朋友，能與我一起為孩子們寫書。

「世紀人物100」系列規劃出版一百位人物故事，中外各占五十人，包括了在歷史上有關文學、藝術、人文、政治與科學等各行各業有貢獻的人物故事，邀請國內外兒童文學領域專業的學者、作家同心協力編寫，費時多年，分梯次出版。在越來越多元化的世界中，每個人都有各自的才華與潛力，每個朝代也都有其可歌可泣的故事，但是在故事背後所具有的一個共同點，就是每個傳主在困苦中不屈不撓，令人難忘的經歷，這些經歷經由各作者用心博覽有關資料，再三推敲求證，再以文學之筆，寫出了有趣而感人的故事。

西諺有云：「世界因有各式各樣不同的人群，才更加多采多姿。」這套書就是以「人」的故事為主旨，不刻意美化傳主，以每一位傳主的生活經歷為主軸，深入描寫他們成長的環境、家庭教育與童年生活，深入探索是什麼因素造成了他們與眾不同？是什麼力量驅動了他們鍥而不捨的毅力？以日常生活中的小故事，來描繪出這些人物，為什麼能使夢想成真。為了引起小讀者的興趣，特別著重在各傳主的童年生活描述，希望能引起共鳴。尤其在閱讀這些作品時，能於心領神會中得到靈感。

和一般從外文翻譯出來的偉人傳記所不同的是，此套書的特色是，由熟悉兒童文學又關心教育的作者用心收集資料，用有趣的故

事，融入知識，並以文學之筆，深入淺出寫出適合小朋友與大朋友閱讀的人物傳記。在探討每位人物的內在心理因素之餘，也希望讀者從閱讀中，能激勵出個人內在的潛力和夢想。我相信每個孩子在年少時都會發呆做夢，在他們發呆和做夢的同時，書是他們最私密的好友，在閱讀中，沒有批判和譏諷，卻可隨書中的主人翁，海闊天空一起遨遊，或狂想或計畫，而成為心靈知交，不僅留下年少時，從閱讀中得到的神交良伴（一個回憶），如果能兩代共讀，讀後一起討論，綿綿相傳，留下共同回憶，何嘗不是一幅幸福的親子圖？

2006 年，我們升格成為祖字輩，有一位朋友提了滿滿兩袋的童書相送，一袋給新科父母，一袋給我們。老友是美國國家科學院院士，曾擔任過全美閱讀評估諮議委員，也是一位慈愛的好爺爺，深信閱讀對人生的重要。他很感性的說：「不要以為娃娃聽不懂故事，我的孫兒們一出生就聽我們唸故事書，長大後不僅愛讀書而且想像力豐富，尤其是文字表達能力特別強。」我完全同意，並欣然接受那兩袋最珍貴的禮物。

因為我們同樣都是愛讀書、也深得讀書之樂的人。

謹以此套「世紀人物 100」叢書送給所有愛讀書的孩子和家庭，以及我們的孫兒——石開文，他們都是世界上最幸福的孩子，因為從小有書為伴，與愛同行。

簡宛

作者的話

　　蘇武一直都是我們十分熟悉的歷史人物。蘇武牧羊，這個我們從小就耳熟能詳的故事，早已被寫成一首優美的歌，時而在我們耳邊悠悠揚揚的響起。兩千多年來，蘇武的事跡一直不斷的在民間流傳，感動了許許多多聽故事的人。

　　蘇武是漢朝的使者。他奉命出使匈奴，但沒想到一去就去了十九年。使者在代表國家出使的當兒，不僅要傳達皇帝的旨意，還需在必要時挺身捍衛國家的尊嚴。因此，要圓滿的達成使命，不僅要「智」，還需要「勇」。蘇武是非常清楚自己的身分與使命的，他寧可一死，也不願被當成犯人一樣的受審，讓國家受辱。他的忠烈，贏得了匈奴的尊敬。「時危見臣節，世亂識忠良」，往往要等到危亂之時，才能見到一個人真正的操守。是貪生怕死，還是寧死不屈，總是要等到那關鍵的一刻，才能讓人看清楚啊！

　　讀聖賢書，所知何事？人人都一樣讀聖賢書，但卻不是人人都能捨生取義，從容赴死的。有許多事都是知易行

難的啊！死豈是一件容易的事？能毅然的捨棄生命，壯烈犧牲的有幾人呢？就是因為這樣，蘇武的情操才顯得可貴。難道他與別人不同嗎？難道他不愛惜自己的生命嗎？不是的。但身為一位使者，身為朝廷命臣，他知道國家賦予的使命比自己的生命來得更重要。

既然他不怕死，匈奴就把他關在地窖中，讓他飽受飢寒交迫之苦。不吃不喝好幾天，他是怎樣活下來的？他把雪和著氈毛吞進肚裡去。這是多麼怵目驚心的一幕啊！氈毛能吃嗎？但蘇武就是這樣活下來的。他寧願如此，也不要低頭求饒。加諸肉體上的種種折磨，有時候比痛快一死更令人難受，這種刑罰很容易使人喪失鬥志，就這樣屈服了。但蘇武並沒有被擊倒，由始至終，他都是以一個勝利者的姿態，抬頭挺胸的站在匈奴面前，使他們益發尊敬他。

蘇武是堅守自己的使命的，他在任何情況之下都不會背棄它。在北海的漫長十九年，我們看見了他那驚人的、不屈的毅力。什麼時候才能歸漢呢？他不知道啊。也許是明天，也許是一年、兩年後，也許是永遠都不能回去了。他就這樣一天又一天的等下去。十九年，

他永遠不知道無止境的等待何時才會結束，也許根本就沒有那結束的終點。儘管如此，他還是選擇了等待。

其實，只要他投降就是享不盡的榮華富貴，這種苦日子不用再過下去了。匈奴使盡了各種方法，以死要脅、以名利誘惑、用漫長無邊的孤寂來折磨他，都沒能讓他的忠誠和信念有一絲一毫的動搖。他寧願老死北海，也不會投降。蘇武的意志就是如此的堅定不移啊！

蘇武使我對「天下無難事，只怕有心人」這句老話有更深一層的體會。只要意志堅定，沒有無法完成的事。北海，那裡可以說什麼都沒有，也可說什麼都有，關鍵就在於一個人肯不肯用心的去認識、了解，學會如何與這片土地和諧共處。蘇武就是憑著他那無比的毅力，克服了種種困難，在北海找到了安然處身的方式，活了下來。蘇武再一次把不可能化為了可能。

惟獨蘇武不怕捱餓受凍，不怕孤苦寂寞嗎？不是的。只是他始終切切實實的堅持到底。對他來說，個人的苦難不算什麼，唯有堅守使命才是最重要的，他絕不因此而背棄對國家的信義。為了維護國家的尊嚴，他甚至可以捨棄自己的生命，這一點苦，不算什麼。

蘇武出使的時候還是黑髮壯年，正值人生最意氣風發的時候，回來的時候，頭髮全都白了。人生最美好的歲月隨著十九年的等待一晃而逝，這讓多少人熱淚盈眶啊！十九年，蘇武默默承受了多少苦！

在書寫的過程中，我常常想，這十九年，蘇武究竟是怎樣一路走來的？一邊寫，一邊默默的體會他的心情，他的喜怒哀樂。漫長

的十九年呀！漫無邊際的等待，一個人的孤寂，對家人、故土的思念，無時無刻不在折磨著他。這種種的煎熬，他都默默的承受著。人非草木，孰能無情？他能在北海度過漫長的十九年，並非因為無情。其實，蘇武也和所有人一樣，他也會悲傷難過、也會痛哭流淚呀。只是，他比一般人更有毅力，更堅守自己的信念，不輕易屈服。他是說到就做到了。讓我們一起來認識他、聆聽他、感受他、體會他吧！歡迎來到這裡與蘇武共走一遭！

寫書的人

符愛萍

　　1977 年生，肖蛇。來自馬來西亞，一個四季如夏，一雨成秋，陽光雨水都很充足的地方。自小在故事叢中長大，常常沉醉在故事的奇幻世界中，自得其樂。喜歡在心中編織美麗的夢，再勇往直前，盼望親手編寫故事，為自己的人生塗抹上瑰麗的色彩。如今，她漂洋過海，駐足於國立臺灣師範大學國文研究所，準備重新出發，繼續朝夢想前進。

十九年的孤獨背影

蘇　武

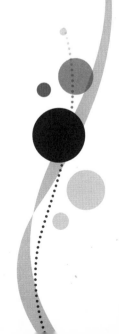

蘇武

前140～前60

1 武帝駕崩

噠噠的馬蹄聲自遠方傳來，在廣闊的北海※草原上迴盪著。多麼熟悉而又陌生的聲音啊！有多久不曾聽見這馬蹄聲了，會是誰呢？蘇武此時正在遙望著那無邊無際的北海，不禁回過頭來，伸頸望向聲音的那方，但仍不見半個影兒。該不會是李陵吧？他又來勸我投降？已經過了多少年，難道他還不死心？一想到已投降匈奴的李陵，蘇武的心裡一痛，搖了搖頭，唉！李陵啊！李陵！

「爹！爹！」看見小通國急沖沖的向他奔來，蘇武笑了。這小傢伙剛才不是還在草原上滾來滾去玩兒的嗎？

「通兒，怎麼啦？」

「爹瞧！瞧！」

　　說時遲，那時快，一匹高大壯碩的馬已在眼前停下來了。那騎在馬背上英姿颯爽的身影好生熟悉，果然是久未相見的李陵。

　　「子卿＊！久不見了。」李陵雙眼依然炯炯有神，不待下馬，他就激動的對蘇武呼喚。故友來訪，蘇武也十分高興。

　　「少卿＊！」

　　「咦！這是……」

　　「小兒通國。」

　　「前聞子卿已有妻兒為伴，這下可好，在這荒涼的北海，子卿不再寂寞了。」

　　通兒緊緊握著爹爹的手，好奇的用烏溜溜的眼睛打量著李陵，見這高大的叔叔伸手過來想

　　＊北海　當時匈奴的北境，今貝加爾湖，位於俄羅斯東西伯利亞南部。中國古稱「北海」，是中國古代北方游牧民族的主要活動地區。

　　＊子卿　蘇武，字子卿。

　　＊少卿　李陵，字少卿。

要抱他，就嚇得閃到爹爹身後。

「哈哈哈！少卿見諒，見諒。通兒自小從未見過生人，害臊哪！」

「哪裡，哪裡。瞧我這副凶相，嚇著小孩了。」

「通兒，去喚你娘親吧！說有客到了。」

「少卿，老遠趕來，到寒舍歇歇吧！」

李陵不說話，只點了點頭，兩人一同往不遠處的穹廬＊走去。

蘇武的妻子置酒接待這位遠來的賓客，先向他敬一杯，就退下，帶著通兒到草原看羊去。讓久別的故友暢快的聊吧！她心想。李陵，她已久聞其名，看他的模樣，也不像一般沒有骨氣的降將。李陵的悲慘遭遇，胡阿雲是聽說過的，心裡對他不無同情。但，他今天的造訪，會帶來

什麼消息呢？阿雲暗暗的憂心。

李陵坐下後就一直沉默不語，神色凝重，似乎懷著重重心事。

「少卿。」

李陵抬起頭。

「少卿這次遠道而來，是否有要事相告？」看著李陵的表情，一陣不祥的預感忽然襲上心頭。

李陵依然沉默，搖了搖頭，開了口又不說話，欲言又止。

「莫非那可惡的匈奴單于*又差您來勸降？如果是要我投降的話，您就別說了！」蘇武一想到投降，怒氣立刻湧上心頭，說話的語氣頓時加重許多。

「非關勸降，我難道還不明白您的心跡嗎？不久前，匈奴在

＊穹廬　匈奴人日常生活的居室，是一種圓形帳篷，形同現在的蒙古包。
＊單于　匈奴領袖的稱呼。

邊境捉到幾個雲中的百姓。我剛巧遇見，就向他們細細打聽漢朝的情況。他們說自太守以下，所有的官吏、人民都穿著白色的喪服、戴著孝，皇上＊……皇上已經……駕崩了。」李陵好不容易才把話說完。

　穹廬中一片沉默，兩人都低頭不語。不久，低低的飲泣聲隱隱約約的從裡頭傳了出來。

　「皇上！皇上！」蘇武終於無法按捺極度的悲慟，他奔到湖邊，奔向他常常思鄉、望鄉的地方，重重的倒下、痛哭。

　「皇上……皇上……」

　整個山河大地彷彿也感染了他的悲傷，它們在他的面前不住的搖晃。那伴他度過多少歲月的北海，此時也一波濤洶湧，不似剛才的平靜。天，飄雪了。

放大鏡

＊李陵所說的「皇上」是漢武帝劉徹。

阿雲和通兒被眼前的景象——那躺在地上，不斷的呼號的蘇武——嚇到了。通兒躲到娘親的懷中顫抖著，不敢看爹爹的樣子。阿雲也被這一幕驚呆了。李陵默默的走到她身旁，說：「夫人，皇上駕崩了。」

他們三人站在遙遠的平原一角，望著他們最親愛的爹爹、丈夫和友人，看著他不斷的朝南叩首跪拜。那痛哭哀嚎的聲音，任何人聽了都會心碎。他們別過臉，不忍再目睹這悲慘的畫面。

漸漸的，哭泣聲開始夾帶著咳嗽，又像是嘔吐的聲音傳來。

「娘！爹！血，血。」

草原染成了一片紅，蘇武大口大口的嘔血，虛弱的躺在草地上。三人急奔過去。

「相公，進去歇會兒吧。不要傷了身體。」阿雲心疼的與李陵一起攙扶著近乎昏迷的蘇武，她

多麼希望能為他分擔一些悲傷與哀痛。

「子卿，李陵告辭了。您多保重。」李陵告別了蘇武和阿雲，拖著沉重的步伐在北海邊走著。他在剛剛蘇武叩拜的地方停了下來，地上的積雪，帶著微微的紅色。

「這是子卿的血嗎？子卿啊子卿，真是大漢的忠臣啊！李陵沒有面目再見您了。」說完，他伏在雪地上低聲的垂泣。

此時，北海的風，似乎也隨著他哀鳴。良久，李陵才起身上馬，揚起馬鞭，消失在北海的草原上。

從那一天開始，蘇武每天早晚都獨自一人在草原上，面朝南方哭泣，哀悼逝世的先皇。雖然身不在漢朝，但他相信只要心是漢臣，終生都是漢臣，不管在何地都要盡漢臣之禮。

「娘，娘，爹……」

「噓……通兒乖，爹爹難過，因為爹爹親愛的人死了。」

「死？」

「就是去了很遠很遠的地方，永遠都不能看到他了。如果通兒永遠都看不到爹爹娘親，通兒難不難過？」

通兒似懂非懂的點點頭。

「就是這樣。記得爹爹常常向你說的故事嗎？故事裡的皇上死了，爹爹永遠都看不到他了。」

「爹爹難過時，通兒不要吵爹爹，知道嗎？」

「知道。」

阿雲因為自己無力減輕丈夫的痛苦而感到難過，此時見到通兒乖巧、惹人憐愛的模樣，她緊鎖的眉頭稍稍的放寬了。她陪著通兒在羊群間玩耍，希望丈夫的傷痛會隨著時間一天天的好轉。

蘇武已數不清他離開家園多

少時日了，在北海的日子年年如一。沒有故國迎春的喜悅，時間就像僵化了似的，但他知道，時間不留情的一天天過去，他已經老了，威武的皇上已經駕崩了。

「唉！人事已非啊！」

他想自己必定要在此荒野之地終老了。然而欣慰的是，他至今仍堅守著使臣的節操，沒有做出背叛祖國的事，他相信自己能堅持到死去的那一天。

他已經老了，但往事恍如昨日一般清晰，一幕幕浮現在他的眼前。

2 回首來時路

這一天，栘中廄監※蘇武的家裡張燈結綵，點起了賀壽的大紅燈籠，眼前盡是一片熱鬧的喜慶景象。原來今天是蘇母壽誕的大喜日子，蘇家三兄弟特別為母親準備了壽筵，一家人歡喜的為母親慶壽。

「願娘親福如東海，壽比南山！」

「願娘親福星高照！」

蘇母在一片賀壽聲中笑得合不攏嘴，但想到已逝的老伴，心中就一陣感傷，無限感慨。

「娘親，孩兒向您敬酒。」

蘇母舉起酒杯，酒杯微微的顫抖著，兩行熱淚已流了下來。

 放大鏡

> ※栘中廄監　漢宮栘園中養馬的地方叫栘中廄。廄監是管理馬廄的官。

「今生能與兒孫共享天倫之樂，我死也無憾了。只可惜你爹他無福消受。」

「娘，莫難過。爹在天之靈有知，也會感到欣慰的。」

「娘，且寬心。兒再敬娘一杯，願娘身體康泰。」

看見母親微笑的點頭，喝下一口酒，兄弟們才稍稍放了心。這邊廂，孫兒們已鬧成一團，爭著要奪金盤上的壽桃。媳婦喝止這群胡鬧的小孩後，他們又一窩蜂的擁到奶奶身旁，幾張小嘴七嘴八舌的說個不停。壽堂上一片鬧哄哄，一家老少的歡笑聲，伴著喜氣洋洋的壽樂。堂前的壽燭火光搖曳不停，彷彿隨著樂聲歡快的起舞。壽酒、壽果也為這一家人增添了喜悅的氣息。

「但願年年如此日，歡樂如今宵。」

「一家的和樂，萬金難買

啊！」陶醉在這幸福時刻的蘇武感嘆的說著。

蘇武從來沒有忘記父親蘇建。兄弟三人皆因父親對國家的功勳而被任為郎＊。大哥蘇嘉如今已是奉車都尉＊，弟弟蘇賢則是騎都尉＊。

「身為朝廷官員，受皇上所用，切莫忘君恩國恩，以忠義報國！」

三兄弟時時刻刻記掛著父親的教誨。為官，對國家盡忠；為子，對父母盡孝。

一家人正歡聚堂上，忽聽外面傳來：「聖旨下！」家僕急急的趕來告知：「二爺，二爺，聖旨下。」

蘇武命人：「快排香案。」

只見大夥兒忙收過筵席，迴

放大鏡

＊郎　皇帝的近侍。

＊奉車都尉　掌管皇帝的車輿，並隨侍皇帝出行。

＊騎都尉　負責掌管羽林軍的高級軍官。

避到裡屋去了。

　　蘇武跪聽聖旨，謝過恩，心中喜憂參半。喜的是，皇上賦予他重任，命他出使匈奴，護送匈奴使者回國。憂的是，此一去，前路茫茫，不知何日方為歸期。

※　　　　※　　　　※

　　中國北部居住著許多游牧民族，匈奴是其中勢力最強大的一族，號稱北方的草原之主。他們居無定所，過著游牧生活，尋找肥美的水草放牧牛羊。匈奴從黃帝時代開始，一直都是中國的大敵。冬天的時候，由於南邊的氣候較溫暖、水草肥沃，匈奴常常「南下牧馬」，對在邊地耕種的農民造成許多干擾。他們還會趁著秋天馬匹肥壯之時，搶劫住在邊境的百姓，不但掠奪財產、牲畜、食物和各種生活必需品，甚至還會殺人、搶人去做奴隸，弄

得民心惶惶，人人聞「匈奴」色變。百姓們都十分害怕匈奴的侵擾，終日提心吊膽，苦不堪言。匈奴的出現使他們一年來的辛勤耕作都付諸流水，一切都完了。

「唉！」蘇武慨嘆。匈奴不容易控制，自虞、夏、殷、周時就已是如此。匈奴過著游牧的生活，來來去去，到處放牧打獵，身上穿的是獸皮，吃的也是獸肉，衣食不足或想要更多的時候，就到附近地方搶劫，那是他們的生活習慣呀！匈奴是戰馬上的慓悍民族，尚武勇猛，天性好戰。四處侵擾、掠奪人畜財物，是他們的工作。但匈奴常常到邊塞打獵、放牧牛羊，使老百姓被迫離棄自己的土地，生活一直無法安定。百姓們因為無法安居樂業，一直活在貧窮痛苦當中。

秦併吞六國時，各國忙於應戰，匈奴趁機占據了河套地區的

河南地。後來秦始皇派大將蒙恬率兵三十萬北襲匈奴，奪回河南地。第二年秦軍又進軍匈奴，使匈奴被迫向北遷徙。為了防禦匈奴在邊地一再為患，秦始皇下令修建了歷史上有名的萬里長城。

　　秦末漢初之際，匈奴出現了一位強大的領袖——冒頓單于。單于原本的名字叫做撐犁孤塗單于，「撐犁」就是天，「孤塗」是子的意思，而最後二字「單于」就是廣大，所以撐犁孤塗單于也就是「由天而生的大君王」。在冒頓單于的領導之下，匈奴軍南征北伐，東破東胡、西取月氏、北伐丁零、堅昆，又向南吞併了樓蘭、白羊的土地，重新收復了河南地。當時正是楚漢戰爭，中國根本無暇外顧。匈奴的勢力越來越強大，擁有弓箭手三十多萬人，頻頻驅動鐵蹄，向外發動戰爭，稱雄北地，威振四

方。匈奴人從小就開始學習騎馬射箭，所以他們長大之後都十分驍勇善戰，也可稱他們為「天生的戰士」。

在高祖劉邦＊即位後的第二年，匈奴發兵圍攻邊境的韓國國都馬邑，韓王信投降匈奴。高祖親自率軍攻擊韓王信，韓王信兵敗，逃往匈奴。

高祖想攻打匈奴，便先派人前往窺探，只見老弱殘兵，就以為匈奴衰弱，不堪一擊。原來冒頓單于想要迷惑漢軍，故意將其精兵隱匿起來。高祖中計，率領三十二萬大軍前往進攻。

高祖先至平城，軍隊尚未全部到達，只見冒頓已率四十萬精練騎兵，將高祖重重包圍於平城東北的白登山之上，漢軍整整七天七夜都無法突圍，情況萬分危急。後來採用陳平的計謀，派人送了厚禮給冒頓寵愛的閼氏＊。

閼氏勸單于說：「兩國的君主不應該相互圍困。況且就算今日取得漢地，也無法久居。聽說漢王有神明庇祐，不得輕犯，希望單于您能三思。」恰逢已投降匈奴的王黃、趙利也未如期與單于軍會合，使冒頓懷疑他們與漢軍串通，就解開圍圈的一個角落，高祖才得以在陳平等人的保護之下突圍而出。此時，大漢的軍隊已至，冒頓見失去戰勝的佳機，便撤兵離去。

　　白登被圍使高祖認識到匈奴的厲害，漢恐怕暫時無法以武力使匈奴屈服。然而匈奴一再犯邊、侵擾百姓，為了國家的安寧，高祖只好採用劉敬的和親之計，與匈奴講和，彼此以兄弟相待。此外，還把公主嫁給單于，

　　＊高祖劉邦　指西漢王朝的開國皇帝。
＊閼氏　漢代時匈奴皇后的稱號。

　　每年送上許多的棉絮、繒帛、米、食物等等作為禮物。這個方法還真有效，匈奴侵擾的次數果然減少許多，一直到高祖末年，匈奴都沒有大舉進攻。

　　沒想到，高祖死後，冒頓單于越發驕縱了起來，竟然寫了一封輕薄下流的國書羞辱呂后＊。呂后與朝廷眾臣怒不可遏，想要出兵攻打匈奴。無奈當時漢朝的國力仍不足以和匈奴對抗，只好將此事作罷，繼續以和親的方式與匈奴維持表面的親善，其實心中對他們可是恨之入骨。因此，漢朝的皇帝沒有不把匈奴當成世仇的。

放大鏡

＊呂后　呂雉（西元前 241～前 180 年），漢高祖劉邦的皇后，為人有謀略。劉邦死後，其子惠帝立，呂后被尊為皇太后。惠帝即位時只有十七歲，天性柔弱又多病，所以當時實際上是由呂后掌政。惠帝死後，呂后又先後立了惠帝後宮二子劉恭、劉弘為帝，都年幼，一切大權仍然操縱在呂后手中。呂后前後掌政達十五年之久。

一直到了武帝的時候，國力強盛，武帝為了一雪前恥，終於對匈奴發動了戰爭，把匈奴趕到遙遠的漠北。匈奴因為在大戰中元氣大傷，不敢再侵擾邊疆的百姓，使漢朝的邊境恢復了盼望已久的寧靜。漢與匈奴在經過十幾年的戰爭後，雙方終於暫時休戰，百姓也得以喘一口氣，過比較安定的生活。

雖然吃了幾次敗仗，但頑強的匈奴並不死心，他們一直等待著進攻的機會。後來，匈奴又開始騷擾邊疆的百姓了。還把前往交涉的漢使扣押了下來，為了報復，漢也押著匈奴使者不放。看來，一場大戰勢所難免了。

但事情的發展似乎出現了轉機。蘇武聽說，被扣押的使者郭吉、路充國等人回來了。他們可不是自己逃回來的，而是匈奴單于派使者把他們送回來的。這詭計

多端的單于，這回又想玩什麼把戲？剛即位的且鞮侯單于還附上一封十分謙卑的信，說他自己是兒子，漢朝的天子是他的長輩。兒子怎麼敢冒犯長輩呢？雖然匈奴的態度突然出現一百八十度的轉變，令人難以置信，但仔細想想，這並不是完全不可能的。由貳師將軍李廣利率領的漢軍征服了大宛國，令漢朝威振四海。匈奴一定是害怕漢朝也會來攻打自己，所以急忙把過去拘留的漢使都送回來，還低聲下氣的自稱晚輩。

「這匈奴可真是識時務啊！」蘇武心想。

既然匈奴已主動示好，武帝也打算以禮相待，將以往扣留的使者送回，還準備了一份厚禮，以答謝單于的一番好意。蘇武將以中郎將＊的身分，護送匈奴使者回歸家園，並傳達友好之意。

但願兩國從此以後能和平共處，不要再打仗了。這應該是老百姓共同的願望吧！若以目前的情勢看來，雙方的關係友好，他率領的使節團應該可以安然無恙的歸來。但蘇武總是覺得不太放心。匈奴的態度向來反覆無常，難以捉摸，這一次會不會又生出什麼事端呢？

「兒啊！皇上下聖旨召你，可是為何？」

聽見母親喚他，蘇武回過神來。「娘，皇上有旨，派孩兒出使匈奴。」

「如此。何日啟程？」

「孩兒明日上朝，再回娘知道。」

母親已垂垂老矣，此次遠別，萬一有什麼不測⋯⋯娘，請恕孩兒不孝。縱然不捨，蘇武一

放大鏡

＊中郎將　官名，皇帝侍衛官的領袖。

顆隨時準備為國獻身的心卻從未動搖。

※　　　　　　※　　　　　　※

「三日之後啟程，不得延誤。」

聖上的命令，可不能違抗。這三天是蘇武一家人最寶貴的歡聚時光。如今國家強盛，匈奴畏強，家人都深信蘇武一定能平安歸來。只是路途遙遠，這一往一返，相隔數月方得相見，因此仍不免感傷。

「相公，身在異地，萬事小心，可要保重身體。」

蘇武對妻子笑笑，表示「知道了」。

「娘親我會勤侍奉，家務你也莫操心，只願相公功成早日歸來。」

夫妻倆似乎有說不盡的話，說到最後兩人垂淚相對。

蘇武忙為妻子拭去眼淚，安慰道：「莫擔心，妳說的一切我都會銘記在心。蘇武必完成使命，早日回京。」

三天的時間一晃眼就過去了。臨別之際，家人一遍一遍的囑咐、叮嚀，蘇武一一答應。

拜別母親之時，蘇武道：「娘親，昔日郭吉、路充國等出使匈奴，今日方歸。匈奴反覆無常，兒這一去也吉凶未卜，禍福難測。孩兒深恐未能盡孝……」

「兒休掛念。當今國事為要，莫只惦骨肉團圓。為國捐軀，大丈夫之志也。」

看見母親堅毅的神情，蘇武心頭一寬。母親如此深明大義，蘇武必不負使命！

時辰已至，一家人目送著蘇武離去。

※　　　　　　※　　　　　　※

　　如此，天漢元年（西元前 100 年），蘇武率領副中郎將張勝，隨行官吏常惠，還有士兵等一百多人浩浩蕩蕩的前往匈奴。

　　「這也是父親討伐匈奴時的必經之路吧！」一路上，蘇武一再想起父親，父親奮勇作戰的身影時時在他的腦海中浮現。

　　蘇武的父親蘇建也曾參與伐匈奴的大戰。元朔六年（西元前 123 年）春天，武帝命大將軍衛青率領公孫敖、公孫賀、趙信、蘇建、李廣、李沮等六將軍從定襄出兵攻打匈奴，斬殺敵軍好幾千人而還。同年夏天，再率六將軍與十餘萬騎兵由定襄出擊，共斬殺、俘虜了一萬多人。其中，衛青的外甥霍去病只率八百騎兵，離大軍幾百里，深入敵人陣營中，斬獲敵人首級二千多，斬殺單于祖父、俘虜了單于的叔父及許多重要首領，凱旋歸來。

　　漢軍獲得大勝，但蘇建所率的軍隊卻遭到了慘敗。他和前將軍趙信的三千騎兵單獨遇到單于的主力大軍，兩方經過一番激戰，漢軍奮力作戰一天多，三千人馬幾乎悉數戰死。趙信見頹勢無法挽回，竟向敵軍投降，蘇建則拚命突圍逃回營中。

　　周霸以蘇建棄軍逃回為由，要求大將軍依軍法斬殺蘇建，以立軍威。其實，蘇建僅以數千的騎兵抵擋匈奴數萬的大軍，勝敗自然不言而喻，但蘇建仍竭力作戰，直至最後一兵一卒，他仍不願投降。明知回營將面臨失軍的懲罰，仍堅持逃回漢營。

　　幸好大將軍認為不可妄下決定，「如果斬蘇建的話，豈不表示以後戰敗可以投降敵軍，不用回來了嗎？」為了慎重起見，大將軍認為此事應留待回京後由皇帝親自裁決。皇帝最後決定把蘇建

廢為庶人以示懲罰。

　　儘管蘇建戰敗了，但蘇武心中的父親卻是不敗的。他深深敬佩父親，堅持作戰到最後一刻的精神。身邊的戰友一一倒下去，父親仍在奮力殺敵，那是何等壯烈的場面啊！

　　這次蘇武奉命護送匈奴使者歸鄉，雖然前途未卜，但仍希望效法父親為國盡忠的精神，圓滿達成任務。「爹，孩兒也要像爹一樣！」蘇武在心中暗自期許著。

　　漢與匈奴的戰事未曾稍歇，漢軍不斷的進攻，帶給匈奴沉重的打擊。最後一次的大戰，也是最大規模的一次戰事，是由大將軍衛青、驃騎將軍霍去病率領幾十萬人馬，穿越沙漠，深入匈奴根據地。衛青從定襄出兵，深入沙漠一千多里，大戰單于軍，突然風沙大起，漢軍趁機從左右兩方圍攻單于。單于見漢軍眾多，

而且兵強馬壯，自料無法取勝，就在雙方軍隊混戰之時，乘車率兵向西北飛馳而去。漢軍發動輕騎追擊了二百多里，邊追邊戰，雖然不見單于，卻斬殺了敵軍一萬九千人。另一方面，驃騎將軍霍去病率軍由代郡前進二千多里，遇匈奴左賢王大軍，雙方激戰，漢軍大勝，俘虜了屯頭王、韓王等三人，將軍、相國等重要首領八十三人，斬獲敵人七萬四百多首級。

漢軍出征時馬有十四萬匹，回時只剩不到三萬匹。匈奴人被斬殺和俘虜的共有八九萬，但戰死的漢軍也有好幾萬人。雖然漢軍在這一次的戰爭中獲得大勝，但損失依然慘重。

匈奴在戰爭中受到了沉重的一擊，從此便退到遙遠的沙漠北方，不敢再踏足邊境，沙漠以南再也沒有匈奴王庭。匈奴已不敢

貿然進犯；漢朝也因為年年用兵，導致國庫空虛，人力、物力都已經消耗殆盡，無力再大舉遠征進攻。隨著戰爭的平息，老百姓終於得以過安寧的日子了。

大戰結束後的幾年間，匈奴一再派使者來到漢朝，好言請求恢復和親。但此時漢朝已以勝利者自居，認為匈奴必須先臣服才能通好。丞相任敞前往匈奴見單于，說：「匈奴既然已被打敗，就應該向漢朝投降，作大漢天子的下臣。」單于聽了很生氣，不讓任敞歸國。

如此又過了近十年，元封元年（西元前110年），武帝大舉巡狩＊邊境一帶，率兵十八萬向匈奴示威，派遣使者郭吉對單于宣旨：「告單于，今日天子已親自率軍在邊境

＊巡狩　主要指帝王出京巡視地方與邊疆的活動，也稱為巡省、巡幸、巡守、巡遊等等。

守候，單于若還能作戰的話，就請來一戰，若不敢戰的話，就來投降吧！又何必自討苦吃，遠走逃匿到這寒冷無水草之地，捱餓受凍呢！」單于一聽怒不可遏，馬上斬殺引見郭吉的人，並把郭吉扣押下來。

　　單于一方面派使者到漢朝請求恢復和親，一方面遠徙漠北，休養兵馬，演習射獵。漢曾派楊信前往告知單于，先送匈奴太子入朝當人質，才將公主送來，單于不許。楊信回來後，漢使王烏再至匈奴。王烏是北地人，熟知匈奴的習俗，親自入氈帳面見單于。單于喜歡他，談得高興，就說願親自入朝晉謁天子，結為兄弟，兩國永相友好。武帝大喜，特地為單于在長安修建了一座府邸。後來單于真的派了一位貴人前來，但貴人才到漢朝不久，就害病死掉了。武帝過意不去，就

派路充國一行人以隆重的禮儀護送貴人之喪，還贈送價值千金的優厚賻儀＊。單于懷疑貴人乃漢朝所害，因此勃然大怒，為了報復，就扣留了路充國等人。此後，匈奴又開始南下，常常越過邊境侵犯掠搶。兩國關係又開始緊張起來了。

中國和匈奴之間真是恩怨不斷，若說要清算，還真是清算不完。什麼時候才能讓百姓過真正的太平日子呢？平靜的日子才過了十多年，匈奴又開始蠢蠢欲動了。但這位新單于的作風似乎有些不同，可能是位愛好和平的君王吧！蘇武越想越覺得這次的任務非常重要，多麼希望他這一去帶回來的是好消息，他一定要盡最大的努力完成使命。

＊賻儀　慰問喪家或送給喪家辦理喪事的禮金。

3 抵達匈奴國

　　蘇武等一百多人的漢使團在路上走了兩個月，終於到了匈奴。且鞮侯單于擺設了酒宴招待他們，還親自向漢使敬酒。蘇武把禮物獻上給單于，向他轉達了漢皇的謝意。不料那單于見到漢朝天子送自己那麼豐厚的禮物，以為漢朝畏懼匈奴強大的勢力，心中洋洋得意，態度也開始傲慢了起來，不把漢使放在眼裡。

　　蘇武已看出且鞮侯單于並非真心想要友好，求和只是表面上的權宜之計，匈奴並沒有誠意與漢朝建立永久的和平關係。這單于果然狡詐、反覆無常，蘇武料想這次的使命恐怕無法圓滿達成了。他暗下決心，要盡速回京，向皇上報告這件事，好對匈奴加以防範。

　　在單于居住的氈宮＊內，有一人常隨單于左右，看樣子深受單于親信。蘇武向身旁的副使張勝詢問，果然沒錯，此人就是早前投降匈奴的衛律。衛律的父親是長水地方的胡人，他自小就在漢地長大，和皇上的寵臣李延年的交情很好。他是在李延年的極力推薦之下被派出使匈奴。回來的時候，李延年因罪全家被殺，衛律害怕自己也受到株連，又逃回匈奴，自願投降。單于十分信任衛律，不但重用他，還封他為丁靈王。蘇武見那衛律對單于處處恭順巴結的模樣，心中十分不齒。

　　單于派人帶漢使團到特為他們準備的穹廬中歇息，途中遇見了虞常。虞常是長水人，過去在

放大鏡

＊氈宮　匈奴單于居住的穹廬稱為「氈宮」，即帳篷宮殿。

漢時與張勝相熟，異地相逢，兩人寒暄了幾句，互問近況，便拜別了。夜裡，虞常一個人前往拜訪張勝。兩人舉杯敘舊之時，虞常向張勝打聽許多有關漢朝的事情，感嘆說：「虞常不敢相瞞，我如今雖身陷此地，心卻無時無刻不思漢朝。」又說：「虞常今天有一事相求。」張勝不疑有他，請他快說。

「聽說皇上十分怨恨那叛賊衛律，我能設法將他殺死。不過我的娘親和弟弟都在漢，如果可以的話，請給他們一些賞賜，讓他們的生活過得好一些。」

張勝心想能除去衛律未嘗不是一件好事，就答應了。虞常臨走前，張勝還送了一些財物給他。張勝把事情想得過於簡單，他萬萬沒有想到禍端就從與虞常相會的這一夜開始。

原來虞常與緱王正偷偷策劃

謀反。緱王是昆邪王姐姐的兒子，他原本已經跟隨昆邪王投降漢朝了，但後來隨漢軍攻打匈奴時，兵敗被俘。緱王時時想要歸漢，與昆邪王等人團聚。他們計劃劫持單于的母親和閼氏回歸漢朝，參與這次謀反起事的共有七十多人，其中還包括衛律投降時，一起帶過來的漢朝士兵。

一天，單于出外打獵，只把閼氏和兒女們留在家中。虞常等人認為這是最好的時機，準備發動兵變。沒想到有一人偷偷在夜裡潛逃出去，告發了他們。單于的子弟親屬便先發制人，發兵偷襲。緱王等人被殺，虞常被活捉。這場叛亂還沒開始就已經失敗了。

張勝聽到這個消息後大驚，害怕這件事會牽連到自己，於是連忙向蘇武稟告。蘇武一聽，知道事態嚴重，著急的說：「事情已

到了如此的地步，一定會牽連到我們！我是漢朝的使者，如果被當成犯人一樣的受審，就等於讓國家受到了侮辱呀！如何對得起國家呢！」說完就要拔劍自刎，幸好張勝和常惠眼明手快，把他的劍奪了過來，及時制止了他。蘇武嘆了口氣，走出帳外。

蘇武站在帳前，靜靜的望著空中的明月，陷入沉思。明天一早就要歸漢了，沒想到臨走前卻遇到了一樁麻煩事。漢使即大漢王朝的代表，身為堂堂漢使，若被當成犯人一樣的被侮辱處死的話，那對國家真是莫大的恥辱啊！蘇武覺得今晚的月亮似乎比平日還要圓還要亮。娘親和妻子此時在做什麼呢？應該是在數著日子，等著他回家團聚吧。常惠走到他身旁，也不說話，兩人的心情都十分沉重。

「事到如今，唯有靜觀其變

「了。」良久，蘇武說道。常惠點點頭，他依然凝視著天空出神。漢使團的命運是吉，是凶？一切，只要等到明天一早，就會有答案。蘇武、張勝、常惠三人懷著不安的心情度過了這一夜。

　　蘇武一整夜都沒有合眼。天剛破曉，他就命大家把行裝準備好，前往單于處拜別。一行人整裝待發，興致特別高昂。正待單于的使者前來與他們相會的時候，一陣急促的馬蹄聲，由遠而近，似乎有大隊人馬朝他們這個方向疾馳而來。遠遠望去，最前方的是衛律，其餘的都是士兵。蘇武心知不妙，不管發生什麼事，他都準備沉著的面對即將發生的一切。

※　　　　　　※　　　　　　※

　　話說虞常被捕之後，交由衛律負責審問。那衛律見虞常與漢

朝副使張勝貌似熟絡，又搜出前些時候張勝送給他的財物，心裡存疑，便百般拷打審問。那虞常禁不起嚴酷的拷刑，終於供出了張勝。單于知道漢使團也涉及叛變的事情，非常生氣，想把他們通通斬首。有一位大臣說：「只是謀殺衛律，就要處死，未免過重了。如果他們是要謀害單于的話，那又應該如何處置呢？不如命令他們投降，反而可為我方所用。」單于也覺得有道理，就命衛律去招蘇武受審。

衛律命士兵把漢使居住的帳幕包圍起來，不讓任何一人離開此地。接著，他就毫不客氣的說：「漢使蘇武隨我來受審！」蘇武冷靜的轉過頭對常惠說：「身為大漢使者，折損了氣節，讓自己和國家受辱，就算不死，我還有什麼面目回去呢！」說完就舉起佩刀刺向胸膛。

他這一舉動嚇壞了在場所有的人，常惠等人爭相奪過佩刀，但已經太遲了，血如泉湧，染紅了蘇武的上衣。衛律大驚，親自上前抱住蘇武，急忙派人把巫醫請來。北邊天氣寒冷，蘇武的血液早已凝固，呼吸迫促。巫醫在地上挖了一個坑，在坑中放一些只冒著煙卻沒有火焰的暗火，再讓蘇武伏臥在坑上，輕輕的拍打他的背，讓淤血溶解，漸漸流出。蘇武沒過多久就停止呼吸了，常惠等人放聲大哭。但巫醫卻不慌不忙的請大家耐心等待。過了半天，蘇武又開始回過氣來，漸漸有了微弱的氣息。常惠等人喜極而泣，把蘇武抬回帳中休息。單于非常欽佩蘇武的忠烈與剛強不屈，早晚都派人來問候蘇武的傷勢。因辦事不慎而累及漢使團的張勝則被囚禁了起來。

蘇武的傷勢漸漸痊癒之後，

單于就派使者來勸降，蘇武都不理會。單于又請蘇武參與虞常的審訊，想藉此機會逼蘇武歸順。衛律一開始就二話不說當場把虞常斬死，張勝被嚇得臉色蒼白，不住的發抖。蘇武在一旁冷眼旁觀，瞧這衛律究竟想玩什麼把戲。衛律冷笑，轉過身，把劍指向張勝說：「漢使張勝謀害單于近臣，論罪當死！今天單于網開一面，只要投降就可免去死罪。」說罷就舉劍要砍。張勝被嚇得連忙大喊：「張勝知罪！願降！」

「唉！這可憐的張勝，如此輕易就變節投降，大丈夫死何足惜呢。」蘇武感嘆道。只見衛律向他走來，大喝：「副使有罪，正使也脫離不了責任！應當連坐！」蘇武並沒有被他嚇到，神色自若的反問道：「我沒有和他們同謀，又沒有親屬關係，為什麼要連坐？」衛律舉劍作狀要斬殺他，蘇武動

也不動，一點也沒有流露出害怕的樣子。衛律見硬的不行，就把劍放下，又換了另一副嘴臉說：「蘇武兄啊！想當年衛律我背叛漢朝，來到這荒涼的地方歸順匈奴，也是情非得已的。幸蒙單于的大恩，封我為王，坐擁數萬人口和如山一般多的馬匹牲畜，還有享不盡的榮華富貴呢。蘇武兄啊！我是懷著一片好心來告訴你的，如果你今日投降，明日就會像我一樣；要不然，白白的葬身在荒野之中，有誰知道你的一片忠心呢？好漢不吃眼前虧啊！」這一番話蘇武根本就聽不下去，也沒理他。衛律見蘇武毫無反應，便用帶點威脅的語氣道:「今日我好意相勸，若你因我而降，你我就可以兄弟相稱；要不然，過了今天的話，你要想見我求情，也不行了！」

　　蘇武聽到這卑鄙小人要與自

己稱兄道弟的話，忍不住破口大罵:「像你這種人，身為臣子，卻不顧朝廷對你的恩義，背叛君主與親人，投降匈奴，我還要見你做什麼？真是毫不知恥！況且單于相信你，把決定別人生死的重任交給你，你不但不用公正的心扶持正義，反而不安好心，要挑撥兩國之間的關係，使兩主相鬥，你就坐觀禍福。我警告你，南越殺死漢使，立刻遭到滅亡的命運，國家被分為九郡；大宛王殺害漢使，結果人頭被懸掛在北闕上；朝鮮殺死漢使，即時就被滅國。只有匈奴還沒有殺死漢使。你明明知道我不願意投降，卻一再逼迫，是想讓兩國點起戰火，發動戰爭，使匈奴的禍端從我身上開始嗎？」

　　蘇武這一番義正辭嚴的話說得衛律抬不起頭來，他無言以對，也知道蘇武不會輕易投降，

只好照實向單于稟告。單于對蘇武更加敬重，更想要讓他歸降。單于又想出另一個方法，他把蘇武幽禁在地窖中，斷絕他的飲食，想用飢渴的煎熬逼使他投降。就這樣過了好幾天，被關在地窖中的蘇武完全沒有聲息，匈奴人以為他已經死了。一看，蘇武仍好端端的活著。

原來，飢餓的時候，蘇武就抓起地上的雪和著氈毛吞下，就這樣活了好幾天。匈奴人見到蘇武幾天不吃不喝仍能活下來，都認為有神在庇護著他。

單于被蘇武超乎常人的堅強毅力深深感動，他無計可施，又不甘心就這樣輕易的屈服在一個小小的漢使之下。於是，單于把蘇武放逐到北海荒寒無人的地方，叫他放牧一群公羊，對他說：「好好的當個牧羊人吧！只要這群公羊生了小羊，就放你回

去ㄑㄩˋ。」

　　公ㄍㄨㄥ羊ㄧㄤˊ怎ㄗㄣˇ麼ㄇㄜ˙可ㄎㄜˇ能ㄋㄥˊ生ㄕㄥ小ㄒㄧㄠˇ羊ㄧㄤˊ呢ㄋㄜ˙？單ㄔㄢˊ于ㄩˊ分ㄈㄣ明ㄇㄧㄥˊ是ㄕˋ決ㄐㄩㄝˊ意ㄧˋ不ㄅㄨˋ肯ㄎㄣˇ讓ㄖㄤˋ他ㄊㄚ回ㄏㄨㄟˊ去ㄑㄩˋ了ㄌㄜ˙呀ㄧㄚ！要ㄧㄠˋ嘛ㄇㄚ˙就ㄐㄧㄡˋ歸ㄍㄨㄟ順ㄕㄨㄣˋ匈ㄒㄩㄥ奴ㄋㄨˊ，要ㄧㄠˋ嘛ㄇㄚ˙就ㄐㄧㄡˋ任ㄖㄣˋ你ㄋㄧˇ這ㄓㄜˋ硬ㄧㄥˋ漢ㄏㄢˋ子ㄗˇ死ㄙˇ在ㄗㄞˋ北ㄅㄟˇ海ㄏㄞˇ算ㄙㄨㄢˋ了ㄌㄜ˙。

4 牧羊北海

　　單于深信時間最容易消磨一個人的鬥志，就算擁有超乎常人的堅強毅力，經過五年、十年的漫長等待，也會逐漸消退。這一次，他要和蘇武打長期的心理戰。北海，一個人煙罕至的荒野之地。「蘇武，就讓我看看你的能耐吧！就看你能在這個地方挺多久。你現在求饒，還來得及。」單于心想。只見蘇武手持漢節＊，神情依然平靜，眼神透露出他的堅毅，絲毫沒有想要屈服的意思。「好啊！好一個鐵漢子！」單于暗暗嘆服。漢使團中的常惠等人，則被關在其他的地方。這是單于的有意安排，讓蘇

＊漢節　使者所持的一種信物，以竹為杆，上綴三層旄牛尾。

武一個人在遙遠的北海飽受寂寞之苦。

　　經歷了重重煎熬的蘇武走了一段很長、很長的路，終於到達了北海。領路的匈奴人頭也不回的離開了。在這裡，他無須再面對單于一而再的勸降。然而，他也知道，來到這荒涼的北海之後，他是不可能再回去了。

　　放眼望去，北海浩瀚無邊，一望無際，多麼的遼闊啊！「如今，唯有羊群是我伴了。」手持漢節，蘇武跪了下去。「皇上，臣罪該萬死！是臣無能，沒能盡忠守責，使漢使團被強行拘留在這匈奴之地！使百多人有家歸不得！」「娘親！請恕兒不孝！娘親……」蘇武聲嘶力竭的哀嚎，一遍又一遍，也不知過了多久，方才躺倒在無人的草原上，沉沉的睡去了。夢中，他見到了皇上，見到了娘親，見到了妻子、兒女

和家人，他回到了溫暖的家。他也夢見了父親，父親在沙場上殺敵，以一擋十，越戰越勇。最後，他夢見了自己，躺在冰天雪地之中。

他醒了過來，茫然不知身在何處，只覺得好冷好冷。看見身旁的羊群，羊群也目不轉睛的望著他，許久，才想起自己已被放逐的事。「在此地不知已過了多少時日，音訊全無，家中一定十分掛念，以為我已遭到不測。」

「娘親，切莫傷了身體。」想到家人此刻必定為他的安危而牽掛，他就心急如焚。家人知道他無恙嗎？知道他此刻也在思念著他們嗎？

「哼！匈奴將我放逐此地，想絕我生機，斷我歸漢的後路！我蘇武豈是如此容易屈服！我蘇武是一個頂天立地的男子漢，所作所為對得起天地良心，上天絕

不會辜負有心人的。沒有衣食，天地供我衣食！天地將養我、育我，供我所需！只要活著，總會有回去的一天。蘇武生在漢，死亦在漢！絕不作匈奴的降鬼，為後世所恥笑！」

於是，蘇武開始振作精神，尋找在此地生活的長久之計。他走進叢林中，想看看能否找到些什麼。走著走著，漸漸覺得四肢無力，他才猛然想起自己已有一整天沒吃東西了，北海又天寒地凍，難怪會體力不支。他已無力再走下去了，只好坐在樹下休息片刻。忽然，他發現有小動物聳動的影子，定睛一看，原來是野鼠。他心生一計，「野鼠洞中一定會貯藏些食物吧！」於是就起身四處尋找，果然發現附近有好幾個鼠洞，一挖，有一些野果、還有像草根一樣的東西，他也不管三七二十一，都狼吞虎嚥的吞了

下去，這才恢復了一點力氣。

北海有一大片一大片廣袤無垠的大草原，每天早上，他先把羊群帶到草原上去放牧，再到森林裡去尋找一些野果、蘑菇等，充當食物。蘇武極端珍惜皇帝交給他的漢節，不管到任何地方，都要把漢節帶在身邊。這漢節是大漢天子交給使者的信物，是使者身分與使命的象徵。漢節成了他最大的精神慰藉，只要看見漢節，蘇武心中就會生起一股力量，賦予他活下去的勇氣。漢節幾乎變成他生命的一部分，時時提醒他要捍衛國家尊嚴，不辱使命。不管等多久，他都一定要等到歸漢復命的那一天，親手把漢節奉還到皇上面前。這漢節，比他自己的生命還重要啊！

與漢節相伴的日子，日復一日的過去了，羊兒悠閒的吃著草的當兒，牧羊的人則立在草原

上，遙望著故鄉。望鄉，鄉在何方？南方，就是他的故土，大漢的江山。「南方的家人，願你們都無恙。」「娘，兒在這兒一切都好，請勿掛念。」他常常在心中對家人說話，希望他們能感覺到他正在遠方默默的努力、堅持著，總有一天他會回家與他們團聚。

　　日子一天天的過去，天氣漸漸暖了，他發現北海原來是一片富饒美麗的土地。岸邊開滿了許多不知名的小花，明豔的黃花也在山上爭相綻放，地上布滿了漿果，俯拾皆是。山林中也多了一些生命的蹤跡，百鳥齊鳴，棲息其間的野生動物出沒無常。原來北海的土地，養育著無數的生命呀！此時蘇武的身影看起來也沒那麼孤單了。他開始就地取材，製作一些獵捕的工具，在廣大的林間狩獵，偶爾用自己製作的弓箭射些鳥兒來吃。湖水清澈見

底，清冽解渴，湖中有許多大大小小的魚，蘇武輕而易舉的就能用魚叉叉中一條魚了。

日子久了，蘇武在北海的生活似乎已安定下來。他知道如何跟著時序的運轉，游移在山林草原之間。是經驗一點一滴的累積，使他漸漸了解這片土地，學會了在北海的求生之道。他堅信自己是不會被擊垮的。冬天快來的時候，他也像野鼠一樣拚命採集各種野果、一些可吃的樹根等，準備過冬。他也不忘把羊群餵飽，使牠們能和他一起捱過漫漫嚴冬。如今，只有羊群與他相依為命了。就這樣，他捱過了最難過的冬天。一年又過去了。

蘇武最喜歡北海冬天時的林海雪原。那無垠的林海，都是最堅忍耐寒的松柏和杉樹。朔風勁吹，大地已被冰雪覆蓋，森林裡的動物老早就過冬去了，只有松

柏仍挺拔著枝葉，迎風傲雪，白茫茫中仍可見一片青綠，多麼的壯美！

「歲寒，然後知松柏之後凋也。」蘇武知道有一種杉樹，終年常綠，毫不畏懼嚴冬。他覺得冬天最冷的時候，彷彿也是杉樹最青最綠、最挺拔剛勁的時候。

「我能不能也像這杉樹一樣呢？」他常常在心裡頭問自己，然後很肯定的告訴自己說：「能的。」蘇武覺得老天也在默默的支持他、鼓勵他，天地間也有一股正氣，而松柏就是他眼前正氣的化身。寒冷的冬天過去了，溫暖的春天就會到來。蘇武相信，他生命的冬天也一樣會過去，那時他會歡喜的迎接春天。

也不知過了多少時日，漢節上的旄尾越來越稀少，最後完全脫盡了。蘇武抱著旄毛脫盡的漢節入眠，與漢節默默的相對垂

淚。「歸漢的日子不遠了吧?」蘇武遙望著南方自語,手裡依然緊緊的握著已是光禿禿的漢節。將蘇武放逐此地的單于一直都沒有派人來看他,彷彿把蘇武給忘了,似乎就想這樣讓他老死此地。

※　　　　　　※　　　　　　※

　　一天,蘇武像往常一樣的在草原上牧羊。隱隱約約中,他彷彿聽見了久違的人語聲,還有馬兒奔跑的噠噠聲,他懷疑自己是在作夢。側耳傾聽,那馬蹄聲似乎還越來越近。這是一片沉默的土地啊!除了他自己,他再也沒有聽見過別人說話的聲音。在這裡,唯有羊兒、草木鳥獸是他的朋友,是他最忠實的聽眾。噠噠噠噠,不多時,這隊人馬已走到他面前,其中一人十分有禮的走上前來向蘇武打招呼,原來他們

都是跟隨單于的弟弟於軒王到北海來打獵的。

蘇武守節不屈的事跡早已傳遍匈奴，大家都十分敬佩他。如今於軒王親見其人，對蘇武更是崇敬有加。

於軒王為人親善，往後他常邀蘇武一同去打獵，請他與他們一起住在穹盧中。於軒王常想，蘇武究竟是如何在北海度過這許多年的呢？他居無定所，他的衣物在嚴寒的冬天裡顯得如此的單薄，而且都已經破舊不堪。

「唉！單于未免過於狠心，竟然用這樣的方法來折磨一位義士。」於軒王嘆道。這可憐的人啊！離開了故土與親人，遠離人群，一個人被流放到這荒涼無比的海角。然而，蘇武卻不以為苦，仍然每一天都持著漢節牧羊。起初，大家都會取笑他。於軒王也忍不住問他，這樣子每天

持著漢節究竟有什麼意義呢？漢節只不過是一根沒有生命的木頭啊！蘇武只微笑不語，他沒有生氣，因為他知道他的朋友們是沒有惡意的。漸漸的，大家都不再笑了，他們彷彿看見持著漢節牧羊的蘇武身上散發著一種難言的、神聖的光輝，讓見者心中油然生起一股莫名的感動。

　　於軒王見蘇武的生活非常困苦，想送一些東西給他，但又擔心這種方式會令蘇武覺得受侮辱。蘇武跟隨於軒王打獵的時候，常常幫忙他們織拴在箭上的絲繳＊，矯正變形的弓弩，於軒王就藉這個機會送他衣服和食物表示感謝。蘇武也是他們的嚮導，因為他知道什麼地方可以捉到最多魚，山羊、鹿和野豬等常在哪一帶出沒。如果於軒王想要

＊繳　打鳥時繫在箭上的一種絲繩。

獵熊的話，蘇武甚至知道熊躲在哪一處的叢林中，當然他自己沒有獵過熊，因為那太危險了。

北海不再只有蘇武孤身一人了。獵人們策馬馳騁的英姿常常在草原間出沒，他們個個弓馬嫻熟，在不打仗的時候，都是最出色的獵人，追逐在山林平川上奔跑跳躍的動物。就這樣，又三年過去了。蘇武與於靬王等人相處得很愉快，他們的個性開朗，豪放不羈，每一天看起來都那麼的精神抖擻，朝氣蓬勃。他們和蘇武成了很要好的朋友。大家都很同情蘇武的處境，常常送他一些食物和衣服，使他不至於捱餓受凍。他的生活也過得比從前好多了。

但是好景不常，身體一向都十分強健的於靬王突然病倒了，這一病可病得不輕。他一躺就躺了好幾個月，越來越虛弱，他知

道自己不會好起來了。蘇武每天都來看他，見到他這個樣子，心裡非常難過。於軒王想自己已不久於人世，開始為蘇武將來的生活感到擔心，就送了蘇武一批牲畜、一些家用器具和一頂穹盧。蘇武知道於軒王的一番好意，心裡十分感動，就收了下來。於軒王去世後，他的隨從們都遷徙到其他地方去，北海又剩下蘇武孤身一人了。

北海又恢復了往日的冷清。昨日熱鬧的地方如今卻是荒涼一片。好友離去，蘇武心中悲慟難言。望著昔日追逐獵捕的叢林、把酒暢言的所在，一切仍然歷歷在目。一樣的北海、一樣的叢林、一樣的原野、一樣的山，但人已不再。無情的歲月，把美好的都帶走，留下了苦澀讓人慢慢品嘗。無情的歲月啊！蘇武想，教他日日夜夜思念盼望的大漢江

山是否依舊？教他朝思暮想、牽腸掛肚的家人是否無恙？無情的歲月把他的朋友帶走了，它會把他的家人也帶走嗎？

北海下起了第一道雪，山川都披著銀裝。轉眼間，冬天又降臨了。多虧於軒王生前想得周到，今年的冬天依然冷得難受，但日子比以前好過多了。一夜，蘇武朦朦朧朧間聽到外頭有一些動靜。起身一看，只見有一些人影，把他的牛羊都往遠方趕去。這些人在偷他的羊！

「你們這些竊賊！別跑！」

這些人的衣著與匈奴人有些相似，卻又不太相同。他們看見蘇武追來了，頭也不回的加快速度把牛羊趕得更遠，一會兒就不見蹤影。蘇武朝他們遠去的方向不停的追趕，走了很長的一段路，都沒辦法趕上他們。

「早前曾聽說有一群『丁令

人』，游牧在北海一帶。今日盜我羊群的人，想必就是這些丁令人。」失去牛羊的蘇武又再度陷入窮困中了，他又回到以往在叢林中掘野鼠洞、吃野果、樹根的日子。

5 李陵勸降

　　蘇武在北海牧羊多年，單于
表面上對他不聞不問，其實是要
讓時間把蘇武的意志消磨掉。單
于想，一個人不管多麼剛強，經
過了漫長的歲月，歷盡千辛萬
苦，意志一定會漸漸消沉。這時
再對他勸降，相信一定會成功。
於是，他就把這勸降的工作交給
李陵。李陵儘管心裡覺得有些為
難，但逼於無奈，只得答應。

　　李陵帶了一些人馬，動身往
北海出發。一路上，他的心情極
不平靜，往事一幕幕的在腦海中
浮現。即將見到多年不見的好
友，李陵心中有歡喜也有期盼；
想到蘇武在北海歷盡艱辛，李陵
心中又是不忍。此外，他也為自
己肩負的任務感到不安。一個已
投降匈奴，一個寧死不屈、誓要

歸漢，如今兩人已站在不同道路上，還有什麼好說的呢！天意弄人啊！人生的際遇豈是可以掌握的！蘇武的身影與自己不堪回首的往事交織在一起，使李陵異常激動。

　　※　　　　　　　※　　　　　　　　※

　　蘇武出使匈奴的第二年，漢武帝派李陵率軍攻打匈奴，李陵兵敗投降。蘇武和李陵是知交，兩人曾經一起當過漢武帝的侍中＊。李陵投降後，一直不敢與蘇武見面。

　　李陵的祖父是人稱「飛將軍」的漢代名將李廣。李廣歷任七郡太守，前後長達四十多年。他總是與將士們同甘共苦，每當得到賞賜時，都會分給他的部下，吃喝也和他們在一起。他家裡沒有多餘的錢財，也從來不和人談論與生產致富有關的事。行

軍遇到斷水缺糧的時候，見到了水，非要等到兵士們全都喝過了，他才肯走近水邊；用餐時也要等到兵士們全都吃過了，他才肯吃。李廣為人勇敢、正直、待人以誠，愛護下屬而不苛刻，人人都心甘情願為他效命。

李陵與祖父李廣一樣，都善騎射。他為人寬厚仁愛、謙遜禮讓，能體恤士卒，有李廣的風範。武帝任命李陵為騎都尉，統領勇士五千人，在酒泉、張掖一帶教練射術，以防禦匈奴。

天漢二年（西元前 99 年），貳師將軍李廣利率騎兵三萬攻擊匈奴。武帝命令李陵負責押運輜重*，李陵主動請求道:「臣所率領的士兵，都是荊楚勇士，奇材劍客，個個力能扼虎，射無不中。願自

*侍中　侍從皇帝左右，以備諮詢。
*輜重　行軍時運輸的軍械、糧草、行李等。

率一軍，分散單于軍隊的兵力，使匈奴無法全力對抗貳師將軍！」武帝道：「我們這次大舉出兵，已沒有多餘的馬匹分配給你了。」李陵回答說：「用不著馬匹，臣願以少擊眾，率步卒五千勇闖單于王庭！」武帝十分欣賞李陵的壯志，就答應了他，下詔書命李陵從遮虜障＊出，至浚稽山一帶來回觀察匈奴的動靜。

　　李陵率領五千步兵，從居延出發，一直向北行進了三十天，就在浚稽山前，與單于率領的軍隊相遇。單于發騎兵三萬將李陵的軍隊包圍。李陵先命軍隊駐紮在兩山之間，以戰車環繞為營，再領軍到營外布下陣勢，前排持戰盾，後排持弓弩。匈奴見漢軍人少，就直闖軍營，李陵身先士

放大鏡

＊遮虜障　在今甘肅金塔縣北邊，外蒙額濟納旗。秦漢時邊塞險要地區防禦用的城堡之一。

卒，率眾迎前與匈奴肉搏，再命弓弩手萬箭齊發，四面八方的匈奴軍紛紛應聲而倒，其餘的急得連忙退回山上。漢軍隨後追擊，廝殺一陣，又殺死了數千敵人。

單于大為震驚，急召左右方八萬多名騎兵齊來圍攻李陵。李陵且戰且走，一直往南走了好幾天，退到一座山谷之中。

漢軍連續不停的作戰，士兵大多都已帶傷，受傷三處的坐在車中，受傷兩處的負責推車，只受傷一處的則繼續作戰，奮勇抗敵，又斬獲敵方三千多首級。李陵繼續帶兵往東南方撤退，四、五天後，走到一片蘆葦叢中，匈奴在上風處放火，火勢迅速的蔓延擴大，眼看著漢軍就要命喪火海，李陵命士兵放火燒平周圍的蘆葦，使敵軍放的火無法延燒過來，漢軍才得免於難。

漢軍繼續往南撤退，來到一

座山下，單于在南山上指揮匈奴軍隊，命他的兒子率軍向漢軍進攻，李陵將軍隊分散在樹林間，藉樹林的掩蔽，在林中徒步穿繞，不停的向匈奴軍射擊，又殺死敵軍數千人。漢軍還趁機用連弩＊箭射向單于，嚇得單于急忙逃到山下。

　　這時，單于見匈奴軍不但一直無法攻破李陵的軍隊，還漸漸被引向南方靠近邊界的地方，擔心有漢軍埋伏，想要罷兵離去。單于的左右當戶＊都說：「單于親領數萬大軍，卻無法攻破漢軍數千人，豈不是讓漢人更加輕視我們！」因此，就決定在山谷間全力攻擊，若到了平地，還是無法攻破的話，才撤兵歸營。此時，漢軍的處境越發危急，將士們疲憊

＊連弩　裝有機關，可以連發數箭的弓。
＊當戶　匈奴官名。

77

已極，匈奴人馬眾多，一日之中得交戰數十回合。雖然如此，漢軍還是殺傷了二千多名匈奴兵。

匈奴作戰不利，原想就此退走，偏偏就在此時，李陵軍中有一位叫管敢的軍侯，因為受校尉成安侯韓延年所欺，憤而投降匈奴，還說出李陵的軍隊並無後援，箭也快用盡了，若派精銳騎兵射擊他們的話，很快就可攻破。單于大喜，發動所有的騎兵猛攻漢軍，同時又派兵截斷他們的退路，越發急切的加緊進攻。

李陵的軍隊被困在山谷之中，匈奴軍高居山上，箭如雨一般的從四面八方射下來。漢軍拼命突圍往南退卻，五十萬支箭已在一天之內用盡，只好棄車而去。漢軍還有三千多人，把砍下的車輻緊緊握在手中，當成武器，連文職人員也手持短刀抗敵。待退到峽谷之中，單于率軍

截斷他們的後路，命士兵將山上巨石滾入谷中，漢軍死傷無數，無法再繼續前進。

黃昏後，李陵身穿便衣，獨自一人步出帳外，止住左右的跟隨。良久，李陵才回來，長嘆道：「兵敗，唯有一死而已！」軍中有人說：「將軍威震匈奴，無奈天命不遂人願啊！不如以後再想辦法歸漢吧！像浞野侯＊一樣，雖被匈奴所俘虜，但最後終於得以逃亡歸漢，皇上就像對待尊貴的客人一樣對待他，更何況是將軍您呢！」李陵道：「不要再說了，我不死，就不是壯士！」說罷就將所有的旌旗砍斷，連同珍寶一起埋入地下，並感嘆道：「如果再有數十支箭，我們就足以脫險。現在已沒有兵器可以作戰，等到天明，豈不束手就擒！不如現在作鳥獸散，各自逃命，或許還有人可以逃脫回去稟報天子。」於是命

將士每人各帶了一些乾糧，約定到遮虜障會合。

半夜時，李陵和韓延年一起上馬，十多名精壯士兵跟隨，匈奴騎兵幾千名隨後追擊。韓延年戰死，李陵嘆道：「無面目再見陛下！」大丈夫兵敗，原本便只求一死，但轉念一想，難道就這樣敗在匈奴手中嗎？他固然可以慷慨赴死，但何不像范蠡*、曹沫*一

放大鏡

*浞野侯　太初元年（西元前104年），匈奴發生天災，許多牲畜死亡，而單于又殘虐無道，使國中不安。左大都尉想殺掉單于投降漢朝，希望漢朝能趕快派兵來接應他。武帝心中大喜，就在塞外建了一個受降城迎接他，又派浞野侯趙破奴率二萬多騎兵出朔方二千多里接應。但左大都尉謀反敗露，被單于殺死，匈奴還出動了八萬大軍攻擊趙破奴。結果趙破奴被活捉，漢軍全軍覆沒。天漢元年（西元前100年）趙破奴從匈奴逃回漢朝。

*范蠡　范蠡是春秋末期的傑出政治家，字少伯，楚國宛人。范蠡任越國大夫時，越國被吳國所滅，范蠡在吳國當了兩年的人質。回越後，輔佐越王句踐臥薪嘗膽，發憤圖強。經過十多年的努力，終於滅亡了吳國。

*曹沫　曹沫是春秋時魯國的將軍。他曾率軍與齊國交戰，三戰三敗。魯莊公十分害怕，就向齊國獻地求和。後來曹沫隨莊公與齊桓公在「柯」會盟時，手持匕首劫持齊桓公，要求歸還侵占的土地，雪了割地之恥。

樣，忍一時之辱，以求力圖報國，有所作為？因此，他毅然選擇了忍辱偷生，就投降了匈奴。漢軍分散突圍，逃回邊塞的，只有四百多人。李陵兵敗之處離邊塞只有一百餘里。

武帝聽說李陵兵敗投降匈奴，勃然大怒。群臣見皇上震怒，就異口同聲的附和，紛紛怪罪李陵。

皇上問太史令司馬遷＊對此事的看法，司馬遷盛讚李陵說：「李陵侍奉父母極為孝順，對將士講求信義，經常奮不顧身赴國家危難，他平日的修養就已有國士之風。如今不幸遭受失敗的打擊，那些只知道全軀保身的大臣，就拚命想要加罪於他，這多麼令人感到痛心啊！況且李陵只率領五千的步兵，就深入敵方危機重重的軍事重地，抵擋數萬的大軍，還殺得匈奴要救死扶傷都

應接不暇，號召了全國上下可拿起武器的人民前來圍攻他們。不但如此，還與敵軍轉戰千里，一直到所有的箭都用盡了，窮途末路之時，將士們仍然張開沒有箭的空弓，抵擋敵人鋒利的槍尖刀刃，面向北方與敵人戰個你死我活。能得到將士們如此的拚死效

放大鏡

＊司馬遷　是偉大的歷史巨著——《史記》的作者。他因為替兵敗降敵的李陵辯解，而身受宮刑。其實，司馬遷和李陵並沒有深厚的交情，甚至不曾一起喝過一杯酒。他之所以為李陵說話，純粹是本於對李陵平素言行的觀察，而認為他是個能自守節操的國士。更何況李陵這次率領的步兵不滿五千，但所殺的敵人卻超過了自己軍隊的人數。李陵殺敵無數的時候，曾有使者來報告戰況，那時滿朝的公卿王侯都舉杯向皇上祝賀。過了幾天，李陵兵敗，大家都紛紛變臉競相詆毀他。司馬遷不忍見武帝終日悲戚哀傷，就懇切忠誠的把心中的看法說出，想寬慰皇上的心胸，堵塞對李陵不公道的批評，沒想到竟飛來橫禍。

平白蒙受了如此大的侮辱，司馬遷心中鬱積了深深的痛苦與憤懣。但為了完成《史記》的著述，儘管面對世人無情的羞辱與恥笑，他仍然克制忍耐，堅毅頑強的活下來。他堅信勇敢的人不必以死殉節，死要死得有價值。為了完成傳世的《史記》，即使一時被人誤解，他也在所不惜。他知道偉大的志向很難為世上的一般人所理解，只會為人所恥笑。是非公道往往無法在短時間內看清楚，要等到死了之後才能論定，到時恥辱也會隨之雪清。因此他忍辱負重，承受著非常人所能想像的艱辛，終於完成不朽的《史記》。

力，就算是古時候的名將，也未必超過他啊！李陵雖然兵敗陷入敵人之手，但他對敵人的打擊卻足以令他名揚天下了。他之所以沒有死節，一定是想要等待機會來立功報國的呀！」

當初，武帝想要讓貳師將軍李廣利立功，命他率大軍討伐匈奴，才任李陵為助兵。沒想到卻讓李陵遇上了單于親率的主力軍隊，使貳師將軍無法立下軍功。武帝認為司馬遷是想要詆毀李廣利，而替李陵遊說，一怒之下將他施以宮刑＊。

過了很久以後，武帝才悔恨自己使李陵陷入孤立無助的境地，而派使者賞賜那些歷經死戰後逃脫回來的李陵士兵。李陵在匈奴一年多後，武帝又再派大軍向匈奴大舉進攻，命公孫敖深入匈奴迎接李陵。公孫敖無功而返，稱捕獲俘虜，說李陵在教單

于抵制漢軍之策。武帝怒不可遏，下令族滅李陵全家。李陵是隴西人，當地的士大夫都以李陵不能以死來保全名聲，甚至還累及家室為恥。

後來漢朝派使者出使匈奴，李陵忿而問道：「我為漢朝率領步兵五千橫行匈奴，因沒有獲得救援而敗，我有什麼對不起漢朝的地方？為什麼要將我滿門抄斬？」漢使回答說：「聽說少卿教匈奴如何抵擋漢軍。」李陵道：「那是李緒＊，不是我！」李陵惱恨李緒因同姓之故而累其全家被殺，派人把李緒刺死。單于的母親大閼氏要殺李陵，單于愛才，將李陵送到北方躲避，一直等到大閼氏去

＊宮刑　古代在密室中閹割男性的生殖器的殘酷肉刑。

＊李緒　李緒本來是漢朝的塞外都尉，駐守在奚候城，因匈奴派兵進攻而投降。李緒曾教匈奴兵法，單于十分禮待他，常坐在比李陵尊貴的位置上。

世後才讓他回來。單于深敬李陵，把女兒嫁給他為妻，還封他為右校王，和衛律一樣都受到尊崇重用。李陵居外，遇到有國家大事才召他入議。

就這樣，李陵在匈奴住了許多年。有時候，他會問自己，真的就這樣老死胡地嗎？當初為何忍辱求生呢？不就是為了報效國家，以求有所作為嗎？等著瞧！他還要領軍和匈奴再戰一場，到那時候，必要叫單于束手就擒，以雪今日之恥！理想尚未達成，豈可輕易言死！他萬萬沒想到，壯志未酬，皇上已殺盡他全家。想到娘親年老，如此慘死，妻子、親人無辜，一一遭受殺戮，心裡一陣絞痛，只覺生不如死。朝廷對他已經恩斷義絕了啊！此時自盡，豈不自取其辱？他還彷彿聽見京師那群養尊處優的大臣們，在皇上面前竭盡所能的謾

罵、數落他的聲音。

儘管時時懷念故鄉，但此生他是不會歸漢了！大丈夫不能再辱！既然壯志已經無法實現，那就死在此地算了。這是命運的安排吧！他就注定當一個可悲的降將了，還有什麼好說的呢？只怨他和祖父一樣的孤傲恃才吧！

※　　　　　　※　　　　　　※

這一條漫漫長路，也不知走了多少時日。一天，引路的部下告訴李陵，北海就在眼前了。遠遠望去，前方真的有一個持著節杖站著的身影。

「多少年了，子卿依然不肯放下手中的漢節。」李陵不勝感慨。

他對自己能否成功達成任務其實並沒有太大的把握。李陵就在此處下馬，向蘇武的方向走去。他不願讓這許多人馬驚動蘇

武，更不願在蘇武面前擺出一副貴人的模樣來。

蘇武背向著他，望海。牛羊已被丁令人搶走了，他已無羊可牧。

「子卿！」蘇武聽見喚他的聲音從遠處傳來。他沒有回頭。他不相信真的有人在喚他。

「子卿！」聲音的來處更近了，也更清楚了。蘇武已知道他並非置身夢中。

蘇武回過頭去，只見李陵已在他眼前。

「這……這……怎麼會……少卿……」蘇武緊緊的握著李陵雙肩，不敢相信眼前的事實。李陵也緊緊握著他，雙手因過度的激動而發顫，彷彿要告訴他，這是真的！兩人一時都說不出話來，唯有相對而泣。

早前於軒王等人來的時候，也帶來了李陵投降的消息。初時

蘇武還不太願意相信，但如今見李陵一身胡服＊的出現在他面前，他不得不相信了。兩人初見面時也絕口不提此事。

李陵此時親眼見到的蘇武，剛歷盡一整個嚴冬，形容枯槁，面容有說不出的憔悴，棲身於一小穹廬中，心裡倍感辛酸。再看看他手中的使節，旄毛落盡，光禿禿的節杖清楚的烙印著歲月的痕跡。

「子卿，這是何苦……」李陵在心中嘆息。

李陵命人安排酒宴與樂舞，兩人在宴上把酒話舊。李陵這時才開口對蘇武說：「子卿，單于知道我倆交情深厚，特請我來勸說。據我看，單于也是一個惜才重賢之人，真心誠意的盼您歸降。子卿，您已空等多年，此生恐怕已沒有歸漢的希望了。白白的在這荒涼無人之地受苦，您的

信義又有誰可以看到呢?」

李陵頓了頓，又說:「子卿，實不相瞞，前些時候令兄當奉車都尉的時候，不小心讓御車撞到柱上，折斷了轅木，被人彈劾為『大不敬』，拔劍自殺了。皇上賞賜二百萬錢安葬了他。令弟隨皇上到河東祭祀時，有一位宦官與黃門駙馬＊爭船，駙馬被推入水中淹死了。皇上命令弟追捕宦官，可是宦官已經逃走，令弟追捕不得，害怕皇上治罪，服毒自殺了。我來的時候，您的母親已不幸過世，我曾送葬到陽陵。夫人還年輕，聽說已經改嫁他人。您一家只剩下兩個妹妹和您的兩

＊**胡服** 匈奴男子由於長時間在馬背上生活，都穿著堅實耐磨損的皮製衣服——短衣狹袖，緊身束腰，腰繫皮帶，腳穿皮靴。這種裝束輕便，便於上下馬背，適合行動敏捷的要求。
＊**駙馬** 此指掌管帝王隨從車輛馬匹的官。到了三國時代，何晏因娶公主為妻而被封為「駙馬都尉」，後代皇帝的女婿沿例都擁有此稱號，簡稱為「駙馬」。所以後世便稱皇帝的女婿為「駙馬」。

女一男。如今十幾年過去了，也不知道他們的生死存亡。」

李陵帶著沉重的心情說完這一些話之後，又陷入了沉默。他了解這一切事實對蘇武來說是如此的殘酷，長久以來的思鄉、望鄉，盼來的卻是家破人亡的消息，這會令一個人的心有多痛呢？對李陵而言，那是此生都無法癒合的傷痛。

此時，李陵的話在蘇武心中不停的迴盪，他的腦海頓時變得一片空白。他一時無法相信，自己的兄弟都已死去，母親也離開人世……

「子卿，人生就像早晨的露水一樣，在轉瞬間消失無蹤。您又何必這樣苦苦折磨自己呢？想當初我投降的時候，精神恍惚如狂，痛恨自己背負了漢朝。加上老母已被關押，子卿您不願投降的理由，難道會超過我嗎？

「皇上年事已高，朝令夕改，法令無常，大臣無罪被滅族的就有好幾十家，禍福安危往往難以預測。國家的恩義何在？子卿啊！您這樣又是為誰呢？請您聽從我的勸告吧！」李陵感慨萬千的把話說完，希望蘇武能夠回心轉意。

蘇武毅然的說:「蘇武父子無功無德，卻能封侯拜將，受朝廷所用，這一切都是皇上所賜予的。我們兄弟在一起的時候，常常表示願意為皇上肝腦塗地。只要今天能報答皇上，就算被刀斧砍剁、熱水烹煮，我也心甘情願。臣子侍奉君主，就像兒子侍奉父親一樣，兒子為了父親而死，死而無憾！少卿，請您不要再說這樣的話了。」李陵聽罷，就不再勸，兩人繼續對飲。

兩人一起在北海度過了好幾天，李陵又忍不住道:「子卿，請

您再聽我一次勸告。」蘇武憤而起身，厲聲說:「自從被囚拘在這匈奴之地後，我已同死沒有什麼分別了！王爺您一定要我歸降的話，就讓我們今天盡最後一次的歡聚吧！酒席散後，蘇武一定死在您的面前。」

李陵被蘇武的忠誠深深感動，長嘆道:「唉！真是一位忠義之士。我和衛律的罪惡之大，真是上通於天！」說完，淒然淚下，同蘇武告別而去。

李陵不好意思親自送禮物給蘇武，便用妻子的名義送了蘇武幾十頭牛羊，解除他生活上的困頓，使他得以維持生活。

6 美麗的草原之花

　　李陵的造訪，帶來蘇武久盼的消息，也帶給他親人已逝的極大悲痛。昔日的美滿家園，今已不再。然而更令他愧疚難安的是，母親臨終之時，必然懷著對他下落不明的無限牽掛。

　　經過了漫長的等待之後，如今蘇武已不敢再抱生回祖國的希望了。但他堅信自己不會背負漢朝，絕不讓國家因自己而受辱。寧可一死，也不忍辱偷生。

　　這一切都出乎單于的預料之外，他本以為蘇武的決心會隨著時間而軟化，豈知其心如鐵一般的堅定。單于決定要讓蘇武在北海娶妻生子，想利用家室使他心繫匈奴，斷了歸漢的念頭。大臣們忙著四下徵詢何人的女兒自願下嫁蘇武。大將軍胡克丹有個女

兒，名叫阿雲。她就像草原上盛開得最燦爛迷人的一朵紅花，吸引了眾多英俊剽悍的年輕小夥子的目光。他們常常不期然的放慢腳步，望著姑娘的窈窕身影出神，她美麗的臉龐上永遠綻放著如太陽般的溫暖笑意。

　　阿雲至今仍未許人，外表嬌柔的她，身上也帶著草原兒女的豪氣與奔放。阿雲曾聽聞蘇武寧死不降的英勇事跡，早已對他的不凡氣概、他的堅貞與忠烈心生仰慕。現在聽說單于要為蘇武娶妻，阿雲臉泛嫣紅，心裡悄悄的想，不知道會是哪一位幸運的姑娘被選上當這一位英雄豪傑的妻子呢？

　　想著想著，一顆心不由得撲通撲通的越跳越快，她多麼想嫁給他呀！但他會不會嫌棄她，不願娶一位匈奴姑娘為妻呢？阿雲心意已決，但又忍不住暗暗的憂

心。

　她把心願告訴了父親。這大將軍胡克丹是一個粗獷豪邁之人，也深深敬佩蘇武的壯志傲骨，就欣然同意了女兒的決定。不料單于見到阿雲後，驚為天人，想娶她為妾。偏偏阿雲早已心屬那牧羊北海的蘇武，根本就不把榮華富貴看在眼裡，執意不從，只願與蘇武同甘共苦。單于無奈，亦被阿雲的真情所感動，就不再強人所難，派人一路護送胡克丹與阿雲到北海。

　一行人到了北海，胡克丹就逕自前往尋訪蘇武。蘇武見今日一匈奴將軍來到此地，以為這又是一支狩獵部隊。胡克丹親切有禮的向蘇武打過招呼，就直接說明來意。

　「老夫此次造訪，是為了將小女許配給您。請您不要推辭。」

　蘇武一聽大驚，他萬萬沒有

想到這素未謀面的將軍會突然說出這一番話來。這一定又是單于的勸降技倆。他正色道：「莫非將軍受單于所託？」

「確有此事。」

蘇武臉色一變，勃然大怒：「以女勸降，卑鄙無恥之極！我蘇武可是貪圖女色之人！將軍請回吧！」說完就轉身離去。

胡克丹忙攔著他道：「蘇君您誤會了。大王確實徵詢自願下嫁給您的女子，但小女是因為欽慕您的人格氣節而決意追隨，與勸降之事無關。」

蘇武感慨道：「何必自討苦吃，自我流放於此邊遠之地呢？將軍，請斷絕這個念頭吧！蘇武一心歸漢，無在此地娶妻生子之意。」

「蘇君，小女非您不嫁。大王原有意娶小女為妾，但阿雲她執意不從。蘇君，您是不戀功名

富貴之人，小女之志，您還不明白嗎？老夫雖然只是一個粗野大漢，但也知道人生得一知己，死而無憾。蘇君，您又何必固執呢？」

一番話，使蘇武知道胡克丹並非像衛律那樣的奴顏媚骨之輩，更曉得胡阿雲的一片真情，對父女兩人生起敬愛之心。

兩人談話之間，一匹駿馬奔馳而來，那翻身下馬的動作，乾淨俐落，瀟灑萬分。蘇武抬頭一望，只見阿雲已來到他眼前，盈盈而立。

「多美的姑娘啊！」蘇武怔住了，是眼前這姑娘說要嫁給自己嗎？他受寵若驚。姑娘美麗的臉龐帶著宛如紅花般的笑容，告訴胡克丹與蘇武宴席早已張羅好了。

「她的聲音多麼爽朗清脆，悅耳動聽啊！」阿雲見蘇武愣愣的

望著自己，臉蛋兒紅了起來，對蘇武嫣然一笑，翩然轉身離去。

當晚，大將軍宴請蘇武。在宴席上，阿雲頻頻為父親與蘇武敬酒，兩人暢快淋漓的舉杯痛飲。蘇武初見阿雲，就覺得她舉手投足間帶著一種率性與純真，一點也不扭捏作態。眼神流露出的堅毅篤定，更顯其氣質非凡、不俗動人的一面。蘇武望著這一對真誠善良的父女，他們的深情厚意，溫暖了他的心。

「唉！」但他怎麼忍心教這令人喜愛的姑娘陪著自己在這荒野之地受苦呢！有一種說不清、道不明的心情使得他極不平靜。這一切，胡克丹當然都看在眼裡，他哈哈大笑，知道蘇武也愛上了他家的姑娘。

阿雲終於見到了這在她心裡頭想了千遍萬遍的人，她對他可真的是一見傾心。她覺得他的目

光柔和而安靜，似乎顯得有些疲憊，卻有神。這幾天，阿雲都陪著他一起牧羊。他常常遙望著南方，陷入沉思，很少說話。說話時，臉上永遠浮著寂寞的微笑。阿雲默默的注視著他持節牧羊的身影，長久以來的艱苦搏鬥，使他那看著她時總帶著微笑的眼睛，隱隱約約的透露出深深的孤寂，帶著些許滄桑，卻有一種掩不住的、凌厲的光。阿雲想，就是這光，深深的吸引了她吧！

　　阿雲知道蘇武不答應婚事，當面對他說：「我千里迢迢，遠赴北海，原就不為富貴而來。我願與你同甘共苦，互相扶持，攜手共度難關。二人齊心成全忠義之志，這難道不是一件很美好的事嗎？你為什麼一直不肯答應呢？難道你不喜歡阿雲嗎？」姑娘溫柔的雙眸凝視著他。真是個勇敢的草原姑娘啊！姑娘的憨率與痴

情，怎不教他深深感動呢！

　　蘇武當下沒有說話。他心裡也喜歡這率真直爽的姑娘啊！但就是因為這樣，就更不願她因他而受苦。過了幾天，胡克丹又來勸說，經歷了一番內心掙扎的蘇武終於下定了決心，跪下來向胡克丹拜謝，願與阿雲結為夫妻。胡克丹樂不可支，笑得合不攏嘴。當晚，兩人就成了親，北海第一次出現歡天喜地的喜慶氣息。

　　婚後，兩人同心協力面對種種生活難題，阿雲聰明能幹，成了蘇武的好幫手。阿雲的溫柔中帶著一種無比的堅強，她總是含笑的包容一切。儘管北海的生活條件很差，但她從不抱怨，也不以為苦，依然笑嫣如花。不久，阿雲生下一個兒子，取名為通國。一家三口在北海過著簡單和樂的生活。

　　小通國的誕生使兩人的生活又多了一些生氣。在父母的悉心照料之下，通國在北海健康的成長，常隨爹爹去牧羊，或伴著娘親到叢林間找尋一些可吃的蘑菇、蕨菜、野果等。他們喚他「通兒」，通兒又跑又跳的，就跟同齡的小孩一樣活潑可愛。

　　爹爹和娘親常常給他說故事。娘親告訴他許多族裡的古老傳說，爹爹則喜歡說爺爺打仗的英勇故事。爹爹和娘親似乎都有永遠說不完的故事。通兒最喜歡聽的是娘親說的「牧羊人的故事」。牧羊人來自很遠很遠的地方，是一位勇敢的人。他因為不肯背叛自己的國家，替另一個國家的大王做事，就被放逐到遙遠的北海，一個人孤零零的牧羊。有一位姑娘愛上了他的忠實和勇敢，自願嫁給他，生下一個可愛的小男孩，他們三個人幸福快樂

的生活在一起。

　　一家三口的生活雖然美滿，但蘇武念茲在茲的，依然是漢朝的皇帝與大漢江山。他常常手持漢節，向南方遠望，他對通兒說，爹爹的家在遙遠的南方。通兒不解，問娘親：「爹爹的家和通兒、娘親的家不一樣嗎？」阿雲只笑笑摸了摸他的頭，也不說話。

　　天漸漸冷了，陣陣雁鳴聲劃過天際，一群大雁結伴往南飛去。秋雁過空時，蘇武總會久久的仰望著天空，直至雁影遠去。

　　「鴻雁南飛的時節又到了嗎？一年又過去了。」

　　當天邊傳來雁鳴聲時，他就會靜靜的聆聽，在空中尋覓雁飛的蹤影。那悠遠洪亮的雁鳴聲，是如此的孤獨悽切啊！那是不捨遠別的哀鳴嗎？又是秋思的季節，他心中的萬般愁緒都被雁鳴聲牽引而出。他多麼希望自己也

是一隻南飛的大雁，能穿越千山萬水，回歸那久思的故土。

　　他常對著南飛的鴻雁嘆道：「蘇武一別十數年，不曾寫過一封家書。雁兒啊！可否為我捎個信兒？」阿雲總會在旁好言安慰，皇天不負有心人，歸漢的日子很快就會到來，她和通兒也會與蘇武一起盼望那一刻。

　　眼看著通兒一天天的長大，歸漢的那一刻仍未到來，故友李陵卻已帶來了皇上駕崩的消息。「皇上……皇上……臣負皇上所望……」蘇武痛苦的哀號，在北海的草原迴盪著。他已數不清自己在北海度過了多少個春秋，往事依然清晰，但已是物是人非了。「此生仍有歸漢的一天嗎？」他覺得，隨著皇上的駕崩，他歸漢的希望似乎變得更加遙遙無期。

　　李陵離開之後，蘇武常常站

在湖邊凝視著水中的倒影。那倒影的輪廓是如此的清晰，但對他來說卻又是如此的陌生。他已認不得自己。湖中的人已經垂垂老矣，頭髮斑白，彷彿是另一個他不認識的人。「年華的倒影啊……」他喃喃的自語著。不是嗎？倒影映照出逝去的年華，他在裡頭看見許多許多，看見自己、看見李陵、看見皇上、看見他的阿雲、通兒、看見娘親……以前，他只覺得那湖光山色的倒影很美，但如今，倒影卻流淌出寂寞，無邊無盡……

7

告別北海

　　春去秋來，時序不停的轉換，一如蘇武從來沒有停止過的殷切期盼。清脆的馬蹄聲再度響起，來者是誰，又將帶來什麼消息呢？蘇武不以為意，靜靜的注視著那在草原上飛奔而來的駿馬。

　　「大人，大王請您盡快收拾行裝，準備歸漢。」來人見到蘇武，不待下馬，就急急的向他嚷道。

　　蘇武不敢相信他所聽到的，以為自己是在夢境當中。他茫然的看著來使，彷彿眼前的一切都是幻象。

　　「大人，漢朝皇帝派使者來接您歸漢，單于派小的前來稟告。」

　　「皇……皇上……來……來

……接我？」

「是的，大人。」

「你……你……再……說一遍……」

單于的特使不斷的重複剛才的話，努力的想把蘇武從如夢似幻的情境中喚醒。過了許久，蘇武方才如夢初醒，他彷彿無力般的跪坐在地上，痛哭失聲，他欣喜若狂，不能自已。是喜悅使這可憐的牧羊人泣不成聲，十九年無望的等待，老天爺總算沒有把他遺忘在這裡。十九年……十九年的辛酸，此時已化成了喜悅的淚水。

　　　※　　　　　　　　※　　　　　　　　※

武帝死後，由昭帝即位，幾年後，匈奴與漢朝恢復了和親。漢朝要求匈奴將蘇武等人放回，匈奴單于卻欺騙昭帝說蘇武已經死了。後來又有漢使來到了匈

奴，常惠知道後，在夜裡偷偷前往漢使的住處，把事情的經過一五一十的告訴了漢使，常惠還想出了一個解救蘇武的好方法。

第二天，漢使前往拜見單于，再次請他放回蘇武等人。單于佯裝無奈難過的樣子，說蘇武早已病死了。

漢使正色道：「蘇武並沒有死。漢天子在上林苑＊射中了一隻雁，雁的腳上繫著帛書＊，寫著蘇武仍在北海牧羊。皇上大怒，命我前來接蘇武等人歸漢。」

單于畏懼，驚恐的望了望四周，他相信這是神明顯靈，若再不釋放受神明守護的人，他將受到最嚴厲的天譴。於是單于連忙

放大鏡

＊上林苑　在今陝西長安附近，是秦朝時的宮苑，漢武帝在建元三年（西元前138年）加以擴建為皇家園林，成為皇帝遊玩打獵的地方，也具有軍事訓練的功能。

＊帛書　寫在絲綢上的信。

111

向漢使道歉，並說:「蘇武確實還在北海，馬上釋放。」

※　　　　　　※　　　　　　※

北海此時洋溢著歡樂的氣息，蘇武一家忙著收拾行裝，準備上路。有時候，蘇武彷彿仍置身夢中，一再的反覆問道:「這是真的嗎？終於可以歸漢……這是真的嗎？」看見阿雲微笑的點點頭，他才放了心。他實在害怕這只是一個美麗的夢境，夢醒之後，一切成空。

此時，阿雲的一顆心既雀躍又不安。長安城，是蘇武提起千遍萬遍的名字，一個她如此熟悉卻又陌生的名字。長安城究竟是個怎麼樣的地方呢？那裡究竟有多繁華？與她生長的地方有多大的不同？她知道那裡沒有茫茫大漠，沒有一望無際的大草原，那裡的人、那裡的一切都與她生長

的這片土地有很大的不同。她將要離開這裡，不再回來了嗎？離開大草原，離開父親，離開這裡所有的一切。她有點難過，有點害怕。但只要一想到蘇武的心願終於達成了，他們一家三口將永遠在一起，未來是如此的幸福而美好，她的心就滿是期盼和嚮往，不再害怕。

通兒知道他們快要跟爹爹一起回家了，興奮得蹦蹦跳跳。他知道爹爹真的好高興，卻又一直哭個不停，他從來沒有看過爹爹這個樣子。但他知道此時的爹爹跟以往難過得痛哭的時候不一樣，爹爹是太開心了，所以才一直哭吧。娘親呢？娘親依然在微笑，但他覺得娘親的微笑也和從前不太一樣，似乎有些哀傷。

「娘親，我們什麼時候會回來？」

「通兒乖喔，我們不會再回

來了。」

「為什麼不回來？這裡不是我們的家嗎？」

「我們跟爹爹回家，爹爹的家就是我們的家啦。通兒、爹爹和娘親三個人永遠在一起。通兒開不開心啊？」

「開心！」他看見娘親的淚水一滴、一滴掉下來，不知怎的，他也跟著哭了起來。

即將離去的心情是極為複雜的！臨走前，他們三人站在草原上，想好好的看北海最後一眼，向她告別。對這一片土地，他們三人都有濃濃的不捨之情。蘇武跪下，行最後一次的朝南叩拜之禮。「皇上，臣即將歸漢復命！」他在心中，也默默的感謝這片土地，這十九年來，一直陪伴著他、給予他許多的土地。

「走吧，別再耽擱了。」蘇武毅然的說。「向北海說再見吧。」

　　三人上馬，頭也不回的離去，北海目送她的朋友踏上了真正的歸途。

李陵送別

　　蘇武一家離開了北海，與漢使及常惠等人相會後，稍事停留，準備拜見單于後再行離去。李陵知道蘇武終於可以回國，心中百感交集。他設宴為蘇武餞行，向他賀道：「子卿如今歸漢，您的功德與名聲將會永遠流傳於漢朝與匈奴之間。古書記載、畫中所繪的功臣名將，有哪一個可以比得上您呢？」

　　說罷，不禁悲嘆道：「李陵我雖然不才，但如果當初皇上肯保全我老母的話，我一定會有雪恥報國的一天，這是我一直念念不忘的心願。可是皇上竟然將我全家抄斬……對於國家，我還有什麼可以顧念的呢！事到如今，還有什麼好說的呢！我只希望讓您了解我的心。我如今已不是漢朝的

人，這一別就是永別了。」

李陵拔劍起舞，悲歌道：

行軍萬里啊，
穿越沙漠；
做皇上的將軍啊，
奮勇的廝殺匈奴。
我的前路已絕啊，
箭已用盡；
將士都陣亡了啊，
我的聲名已毀。
老母已死，
教我欲報皇恩卻不得歸！＊

歌未唱完，李陵已是淚流滿面。蘇武無語，兩人默然對泣，席上亦一片悲泣之聲。

臨行之際，匈奴士兵突然出現，攔著蘇武一家三口的去路，

放大鏡 ——
＊原歌為：徑萬里兮度沙幕，為君將兮奮匈奴。路窮絕兮矢刃摧，士眾滅兮名已隤。老母已死，雖欲報恩將安歸？

不讓他們離去。

　　「大王有命，胡阿雲是匈奴人，不得同行。蘇武子則待日後大王許可方能贖回。」

　　這消息如晴天霹靂一樣，一行人即將歸國的歡欣消失了，取而代之的是一家人被活活拆散的悲痛與憤恨。

　　匈奴士兵說罷，就硬要把阿雲和通國帶走，也不讓他們有話別的機會。李陵咬牙切齒，怒而揮劍，大喝道:「誰要敢碰他們母子一根寒毛，休怪李陵的劍無眼!」

　　情勢頓時緊張起來，匈奴軍將他們重重包圍，但懼於李陵的威勢，誰也不敢接近。李陵想要領他們殺出重圍，但阿雲見情勢如此，料想自己斷然無法逃離此地。她不想讓蘇武一行人因自己而歸願成空，亦恐被迫另嫁他人，便懷抱死志，含淚對蘇武

說：「你我今生夫妻緣已盡，切莫因我而誤了歸期。歸漢後請速贖通兒，你我今別於此！」說罷，就舉劍自刎。

「阿雲！」蘇武奪過她的劍，但已經來不及了。阿雲倒在蘇武懷中氣絕身亡，蘇武親眼目睹這一切，深深受到打擊，不住的呼喚阿雲的名字，傷痛欲絕。驟然而至的悲劇使眾人驚呆了。常惠抱著通兒，緊緊的掩著他的臉，不願讓小孩見到這殘酷的一幕。

「阿雲！阿雲！」蘇武淒切的呼喚聲教人聽了為之心碎。

通兒見到娘親放開自己的手後，就突然倒下，爹爹抱著娘親不停的哭。他想要看娘親怎麼了，卻被一位有力的叔叔緊抱著不放，那位叔叔也在哭。怎麼了？所有的人都在哭。他掙脫叔叔的手跑到爹爹身旁，看見娘親流了很多很多血，像睡了一樣，

一動也不動。通兒知道，娘親再也不會醒來了。娘親放開他的手之前，輕輕的吻了他，對他說：

「娘親要去很遠很遠的地方，永遠都不能再見到通兒了。娘親不在的時候，通兒要乖。爹爹會來接通兒回家的。」

「娘親不要走，娘親帶通兒一起走……」

「通兒乖啊，娘親不能帶通兒一起走。通兒一定要等爹爹來接你喔……」

「娘親……娘親……」通兒知道，娘親不會再回來了。

匈奴軍收了兵器，解開重圍，默默的退到一旁。

「啊……啊……」

淒厲的哀嚎，彷彿在向老天控訴，為何總要將諸多磨難加在同一人身上？李陵難掩心中的哀痛，他無力的跪坐在地，掩面痛哭。眾人紛紛跪下，泣不成聲。

天色蒼蒼，大漠中沙塵滾滾，塵土飛揚。颯颯的風聲，馬鳴蕭蕭，哀泣之聲此起彼落。

※　　　　　　　　※　　　　　　　　※

　　歸漢之日不得再延，單于一再派使臣來催促起行，都被李陵攔了回去。蘇武抱著亡妻，不忍別離。李陵止著淚水，強忍悲痛，勸蘇武說:「子卿，夫人的後事李陵會妥善辦好。通兒在匈奴的一切，也請您不用掛心，李陵一定會竭盡所能。人死不能復生，子卿還是盡早上路，以免夜長夢多。若單于突然變卦，使您的歸途受阻，那就辜負夫人的一番苦心了。」

　　李陵說得有理。蘇武拭去淚水，想好言安慰通兒一番。

　　「通兒，娘親走了，不會再回來了，不能再給通兒說牧羊人的故事了。」

「爹爹，娘親是不是死了？」蘇武點點頭，原來通兒都知道。

「爹爹要回南方的家了，通兒太小，所以不能帶通兒一塊兒走。等通兒長大後，爹爹一定會來接通兒的。通兒要乖，要聽叔叔的話，知道嗎？」

蘇武萬般不捨的將通兒交託給李陵，哀別亡妻，悲戚上路。李陵牽著通兒的手，目送著他們離去的背影。

「子卿，一路小心！保重！」

「爹……爹……快來帶通兒回家！」

「通兒……爹爹一定會來接你的！」

「少卿……您也要保重！」

聲音不斷的往返，直至彼此都再也聽不見為止。

歸漢的一刻

　　眾人不停的趕路，甚少說話，臨別時的不幸使他們的歸途被一片愁雲籠罩著，一路上都在默默咀嚼心裡的苦澀與哀傷。十九年前出使匈奴，如今才踏上返途，每個人的心中都有說不出的難言滋味。百人的出使團，有的已經投降，有的客死異鄉，能跟隨蘇武回漢的，只剩下九人。

　　長安城已在眼前，漫漫的長路已到了終點，無盡的等待也快結束了。馬兒風馳電掣的朝長安城的方向疾馳，蘇武等人望著久別的故鄉，早已熱淚盈眶。十九年前出使的景象，又在腦海中湧現，歷歷在目。羈留匈奴十九年……彷彿那只是一場惡夢，如今，夢醒了。

　　長安城的百姓知道當年蘇武

率領的使節團終於歸來了，天天引頸長盼，城外天天都有人在守候。這一天，守候的人見到不遠處出現一隊人馬，立即興奮的跑進城裡大聲喊道:「回來了！蘇大人的使節團回來了！」

　　蘇武一行人來到了長安城。多麼感人的一幕啊！家家扶老攜幼，長安城的街道擠滿了歡迎他們的老百姓。蘇武持節牧羊北海的故事，早已傳遍了整個長安城。蘇武下馬，走在往日熟悉的街道上。十九年……多少人、事、物已經改變，回首往事，一切恍然若夢，不勝唏噓。蘇武出使匈奴時正值壯年，回來時鬍鬚和頭髮都已經白了。

　　昭帝下令為蘇武準備牛、羊、豬三牲等豐厚的祭品，前往武帝園廟祭拜。十九年來，時時不忘歸漢復命的蘇武終於來到了武帝陵前，奉上漢節。歷盡千辛

萬苦，此刻，蘇武總算完成了他的使命。蘇武拜倒武帝陵前，痛哭失聲。

經過了十九年的引頸長盼，蘇武終於見到了接他歸國的漢使。這在無望中燃起的希望，使他的悲、喜、感慨和種種難以言狀的情緒，交織成何等複雜的感情！十九年前奉命出使，十九年後歸國覆命，但武帝已無法親見他的歸來。蘇武只能臨河哭弔已逝的先皇，還有那像水一樣滾滾流逝、一去不復返的歲月！

朝廷感念蘇武出使匈奴多年，忠誠守節，不辱使命，任命蘇武為典屬國*，賞給他二百萬錢、二頃公田和一所住宅。常惠等三人被拜為中郎，每人各賞二百匹帛。其餘六人因為年老欲還

放大鏡

＊**典屬國** 主管附屬國和邊境、域外少數民族事務的官。

鄉，各賞十萬錢，終身免除賦役。

蘇武如今身在漢室，時時思念阿雲，牽掛通國。李陵不時寫有書信，告知通國近況，請蘇武切莫過於掛念。蘇武原本急欲贖回通國，不料此時又發生了一件不幸的事。命運似乎總愛捉弄這可憐善良的老人，要他不斷承受喪失親人之痛。

就在蘇武歸國的第二年，朝廷發生了一件大事。上官桀的兒子上官安和燕王旦、蓋長公主等人密謀造反，蘇武的兒子蘇元也因參與上官安的密謀而被牽連處死。有人上奏要求逮捕蘇武，所幸霍光暗中扣下了奏章，只免去了蘇武的官職，才使他不至於送命。

宣帝繼位後，蘇武又受到了重用，先被封為關內侯，後又再起用為右曹典屬國。皇帝對他恩

寵有加，大臣亦對他十分敬重。宣帝十分同情蘇武年老喪子，知道他有一個兒子在匈奴之後，就派使者將他贖回，讓他們一家團聚。蘇武終於苦盡甘來，得以安享晚年了。通國隨著使者回來後，被封為郎。蘇武晚年生活十分美滿，一直到八十多歲，才含笑揮別人世。

蘇武去世後十年，匈奴內部分裂，五單于並立爭位，匈奴大亂，國內混戰不休。呼韓邪單于決定歸降漢朝，親自入朝謁見天子。匈奴與漢之間終於可以不用再戰，達至永久的和平。宣帝追思前臣的功德，命人將十一名功臣的相貌繪在麒麟閣上，以供後人景仰，蘇武就是其中一位。蘇武不朽的人格節操，使他真如李陵所言，像歷代古人中的功臣名將一樣，名留青史，功垂萬世。

為了追思這一位守節不屈的

人物，後人紛紛建廟祭祀。在河北豐寧南關鄉就有一座蘇武廟，雖然始建年代不詳，但曾在清朝康熙年間重修。廟中的蘇武像看似飽經風霜，他目視前方，神色憂傷而又若有所思，思鄉憂國之情溢於言表。廟旁伴著一棵蘇武生前最愛的松樹。而陝西蘇武墓、祠的蘇山上，有一片朝南而生的柏林，相傳這是因蘇武對南方故土的深切思念凝聚而成的。

　　蘇武牧羊的北海在今西伯利亞的貝加爾湖，然而有趣的是，甘肅民勤縣與寧夏宣和鎮的寺口子都各有一座蘇武廟，相傳蘇武曾牧羊於此。民勤縣的羊路鄉有一座蘇武山，蘇武廟就建在蘇武山上。寺口子的蘇武廟則是一個天然石窟。寺口子古時候的名字也叫做北海，當地還流傳著蘇武牧羊的故事＊，還有蘇武牧羊遺址、蘇武棲身石窟、蘇武斷橋、

苦_{ㄎㄨ}節_{ㄐㄧㄝ}堂_{ㄊㄤ}、懷_{ㄏㄨㄞ}漢_{ㄏㄢ}亭_{ㄊㄧㄥ}等_{ㄉㄥ}等_{ㄉㄥ}，似_ㄙ乎_{ㄏㄨ}真_{ㄓㄣ}的_{ㄉㄜ}
然_{ㄖㄢ}有_{ㄧㄡ}其_{ㄑㄧ}事_ㄕ。這_{ㄓㄜ}石_ㄕ窟_{ㄎㄨ}蘇_{ㄙㄨ}武_ㄨ廟_{ㄇㄧㄠ}藏_{ㄘㄤ}在_{ㄗㄞ}山_{ㄕㄢ}

放大鏡

＊寺口子流傳著一則極為有趣的「蘇武牧羊」故事：相傳漢武帝因為匈奴一再入侵邊關，就派了蘇武去講和。蘇武一行人連夜趕路，走到了寺口子。寺口子是當時重要的關口，有五、六百戶人家，景色優美。蘇武才剛在寺口子落腳，就遇上了傾盆大雨，一連下了四十天，道路被阻斷了，蘇武一行人無法前進，只好在寺口子暫時住下。雨停片刻的時候，他們就登山遊玩。寺口子的兩面都是高山，風水很好，蘇武就發誓回來之後要出錢在這裡修兩座廟。

到了匈奴之後，蘇武就向單于傳達漢朝願與匈奴和好的旨意。單于起初答應了，但沒多久，又突然翻臉。他不讓蘇武離開，要他留下來作官，其他人都被放回了。蘇武不肯變節投降，一口拒絕，單于就要他在北海牧羊，讓他吃盡苦頭。蘇武就這樣牧了十九年的羊。當時被放回漢朝的人當中，有一個奸詐的小人，名叫王連。他對漢武帝說：「蘇武投降了匈奴。」武帝大怒，要殺死蘇武全家。

蘇武牧羊的北海邊，據說就是現在的黃河北岸。有一次，他遇見一個被匈奴俘虜來的漢人，在北海當一名小官。他偷偷的帶著蘇武乘筏渡過北海（即黃河），逃到寺口子的山上。匈奴派人來追趕，眼看就快趕上了。玉皇大帝聽巨靈大仙說了這件事後，就命大仙下凡來幫助他們。大仙站在山頭上吹了一口氣，一座三丈長的橋就出現在蘇武眼前，讓他越過了山。匈奴趕到時，那橋就不見了。

巨靈大仙見蘇武找不到地方藏身，又吹了一口氣，山中就出現了一座廟，他們變成了兩尊神像。匈奴好不容易搭好橋越過山後，進入廟中搜尋，卻半個人影都找不到，只看見兩座泥神。匈奴走了之後，他們又變回了人，急急忙忙的趕回朝廷。

漢武帝知道蘇武這十九年來歷盡艱辛，但依然忠貞不移，非常感動，就把那企圖陷害蘇武的王連給處死了。

中，必須先從山腰的縫隙進入，再彎著腰穿越一道窄小的崖槽通道。途中，還要經過搭在斷崖上的「蘇武斷橋」，橋下是百丈深淵，驚險萬分。廟裡的蘇武像手持使節向遠方眺望，身旁還有放牧的小羊與狗，無憂的奔逐嬉耍著。

其實，蘇武究竟有沒有到過這些地方，在史書上都沒有明確的記載，是人們對蘇武的崇敬之心，對高尚節操的嚮往，化為一個又一個的美麗傳說。蘇武持節十九年，從不言倦，也從不言悔。十九年，他的容顏改變了，變得蒼老了、憔悴了，但意志依然堅定如故。蘇武的故事感動了許許多多的人。人們建了蘇武廟，紀念這一位偉大的人物，紀念這一件感人的事跡，紀念這永垂不朽的偉大情操。這情操，不僅照亮了蘇武自己、照亮了那個

時代，它更像永恆的光，照亮許許多多後世的人。唐代詩人李白、溫庭筠與宋代的正義烈士文天祥，都因感佩蘇武的精神，而寫下了追念蘇武的詩。溫庭筠在〈蘇武廟〉一詩中，為蘇武的遭遇發出深沉的感慨。

時至今日，雖然已經過了兩千多年的漫長歲月，但蘇武不曾被人們所遺忘。他大義凜然、威武不能屈的崇高氣節，已化為一股精神力量，鼓舞、激勵著後世一代又一代的忠義之士。蘇武的時代早已成為過去，但他的精神長存，不斷受後人追思、感念。蘇武牧羊的故事也會永存在人們心底，一代一代的流傳下去。

蘇　武

前 140 年	誕生於杜陵（在現在的陝西西安）。
前 127 年	漢武帝派衛青等人出兵匈奴，收復河套地區的河南地（黃河以南的地方）。
前 124 年	父親蘇建隨衛青出征匈奴，兵敗被貶為庶民。
前 110 年	漢武帝大舉巡狩邊境，率兵十八萬向匈奴示威，使者郭吉遭扣押。
前 100 年	且鞮侯單于即位。蘇武以中郎將的身分，奉命出使匈奴，護送匈奴使者回歸家園。
前 81 年	返回漢朝京師長安。
前 74 年	好友李陵病死。
前 60 年	病逝。
前 51 年	漢宣帝為彰顯蘇武的節操及功德，命人繪製蘇武人像於麒麟閣。

國家圖書館出版品預行編目資料

十九年的孤獨背影：蘇武／符愛萍著;王平繪.－－初
版三刷.－－臺北市：三民，2018
　　面；　公分.－－(兒童文學叢書／世紀人物100)

ISBN 978-957-14-4416-1　(平裝)

1.(漢)蘇武－傳記－通俗作品

782.821　　　　　　　　　　　　　94024014

© 　十九年的孤獨背影：蘇武

著 作 人	符愛萍
主　　編	簡　宛
繪 　者	王　平
發 行 人	劉振強
著作財產權人	三民書局股份有限公司
發 行 所	三民書局股份有限公司
	地址　臺北市復興北路386號
	電話　(02)25006600
	郵撥帳號　0009998-5
門 市 部	(復北店)臺北市復興北路386號
	(重南店)臺北市重慶南路一段61號
出版日期	初版三刷　2018年11月
編　　號	S 781240

行政院新聞局登記證局版臺業字第○二○○號

ISBN　978-957-14-4416-1　　(平裝)

http://www.sanmin.com.tw　三民網路書店